PRENEZ LE POUVOIR

Pour des raisons de confidentialité certains noms, lieux et certaines dates ont été modifiés pour garantir la sécurité des informations diffusées.

14, boulevard de la Madeleine – CS 62204
75373 Paris cedex 08

www.michel-lafon.com

Laurent Maury
Ex-chef des négociateurs du RAID

PRENEZ LE POUVOIR

TOUTES LES STRATÉGIES POUR AGIR COMME UN NÉGOCIATEUR D'ÉLITE

Michel LAFON

Pour lui, eux et elle

L'élément déclencheur

Tout d'abord je vois son regard, un regard sombre et mélancolique. Le regard est paraît-il le reflet de l'âme, je mesure combien cela est vrai. Puis je vois ses mains, j'y devine son alliance. Elles sont crispées sur un morceau de bois. C'est la crosse de l'arme que l'homme tient fermement. J'ignore depuis combien de temps je suis là, peut-être deux ou trois heures. Je suis sur le trottoir à une quinzaine de mètres environ de la fenêtre d'un pavillon cossu de l'Ouest parisien avec face à moi un individu une arme à la main. Le soleil estival décroît et le silence règne dans la rue, en dépit de la forte présence policière et des secours sur place. Comme si tout le monde était suspendu aux paroles échangées avec cet homme.

C'est un cadre supérieur d'une cinquantaine d'années, il a réussi sa vie professionnelle, il est marié à une femme qu'il aime et a deux enfants qu'il aime tout autant. C'est l'expression même de cette petite bourgeoisie de banlieue que rien ne destine à rencontrer quelqu'un comme moi. Pourtant aujourd'hui, c'est bien cet homme-là qui a décidé de mettre fin à ses jours.

Exhibant son arme depuis la fenêtre de sa maison, il constitue un danger pour lui-même, mais aussi pour les passants, raison pour laquelle le RAID (Recherche, Assistance, Intervention, Dissuasion) vient d'être engagé pour dénouer cette crise.

En effet, si le RAID est cette unité surtout connue pour les interventions de ses hommes en noir sur des événements spectaculaires comme celui du Bataclan, c'est aussi un groupe de négociateurs utilisé par le chef de l'unité comme outil de résolution de crises plus banales. La première intention étant d'obtenir des résultats sans usage de la force afin que les auteurs d'actions violentes répondent de leur acte devant la justice. Ce n'est que lorsque cette option n'est opérationnellement plus possible ou pas envisageable que la décision de mener un assaut est prise. Je suis désormais chef des négociateurs du RAID. Cette intervention est d'autant plus importante pour moi qu'il s'agit de ma première en tant que tel. Je sais que tous les regards de mes pairs sont tournés vers moi comme je sais combien certains ont la dent dure face à l'échec. Par conséquent, je dois donner le meilleur de moi-même. Il me tarde d'être confronté à la réalité opérationnelle. J'ai, au cours de ma carrière, assisté parfois avec sarcasme au travail des négociateurs, mais à présent je suis devenu l'un d'entre eux et je réalise le travail et l'investissement que cela suppose. C'est donc extrêmement concentré que j'engage l'opération. Je dispose de peu d'informations concernant son profil et ses antécédents, autant d'informations déterminantes qui pourraient m'aider dans la stratégie à adopter. Pour compliquer la situation, je perçois dans le ton et le volume de sa voix qu'il a probablement consommé de l'alcool. Son élocution est confuse, son récit est opaque l'espace d'un instant, avant de redevenir pertinent. Dans mon métier, on distingue deux étapes dans la démarche suicidaire : la première est surtout un appel à l'aide, la deuxième consiste à s'alcooliser ou à essayer son arme par un tir pour vérifier son bon fonctionnement ; on parle alors de suicidant ; en d'autres termes, cette personne a commencé le processus qui peut l'amener à commettre l'irréparable. Sur la base de ma première analyse, j'en conclus qu'il est absolument déterminé à mettre fin à ses jours. Cela ne veut pas dire qu'il va passer à l'acte, en revanche cela va conditionner ma stratégie. Je suis extrêmement concentré, mes sens sont exacerbés et mon rapport au temps et à l'espace est altéré. Dans notre jargon on parle d'« effet tunnel ». Je garde mon sang-froid. Je me suis déjà retrouvé dans des situations de stress beaucoup plus compliquées, où ma vie et celle de mes camarades ou d'autres étaient en danger. En effet, j'ai passé dix ans en groupe d'intervention à la BRI Paris (Brigade de recherche et d'intervention) au fameux 36, quai des Orfèvres, puis, après un passage de quatre ans en qualité d'officier de liaison en charge de la lutte contre le terrorisme détaché à Londres, à New Scotland Yard, j'ai rejoint le RAID pour représenter l'unité auprès des groupes d'intervention européens et exercer le rôle d'officier précurseur dans la gestion des crises avant de prendre la tête du groupe « négociation de l'unité ». Ces années au RAID m'ont éloigné de la « colonne d'assaut », celle qui intervient sur le terrain après la négociation considérée par les opérateurs comme la partie noble du métier, « la pointe du diamant » pour reprendre l'expression de certains d'entre eux, mais j'ai pu acquérir une vision globale de la gestion de crise. J'ai pu mesurer l'importance de chacun des postes au sein de cette formidable machine au service de nos concitoyens.

L'homme que j'ai en face de moi n'est pas un terroriste, l'homme que j'ai en face de moi n'est pas un tueur, il est juste désespéré, au bout du rouleau. S'il tient un fusil entre ses mains, c'est pour crier au secours, j'entends ses cris muets de détresse, j'entends sa douleur et sa lassitude. L'homme que j'ai en face de moi n'est pas un ennemi, je suis là pour l'aider, je suis là pour le sortir de cette situation.

Je suis accompagné par un deuxième négociateur qui ne rentrera jamais en contact avec le forcené ou le preneur d'otage, mais qui tient un rôle essentiel, à savoir prendre de la hauteur par rapport aux échanges afin de confirmer que je déroule correctement ma stratégie et surtout que je ne me fais pas absorber par les émotions de mon interlocuteur. Ce négociateur, on l'appelle le N2 et c'est notre ligne de vie. Il nous accompagne, nous guide et nous remet sur le bon chemin si nécessaire.

Cette notion de N2 est parfaitement adaptable au monde de l'entreprise quand il s'agit d'intervenir sur des cas avec des enjeux complexes. Avoir quelqu'un qui connaît vos objectifs et votre façon d'opérer, qui vous accompagne sans jamais intervenir, mais s'assure que vous déroulez correctement votre stratégie et qu'à aucun moment vous n'êtes absorbé ni manipulé par votre interlocuteur est une aide extrêmement précieuse.

Mais revenons à cette négociation. Nous étions à l'entraînement en cette fin de bel après-midi d'été quand mon bipeur a sonné avec un message succinct : « Alerte : individu retranché. » Tout va très vite, je monte en salle de commandement pendant que mon N2 descend le matériel dans notre véhicule. Rapidement j'apprends que le forcené en question est un individu qui menace de mettre fin à ses jours. Je rejoins en courant mon bureau tandis que j'entends les collègues de l'intervention qui se rendent à l'armurerie percevoir leurs armes longues. Moi, je prends mon Glock 26, pistolet semi-automatique 9 mm. Je le dissimule avec soin sous mon gilet tactique afin qu'il ne soit pas visible ni anxiogène pour mon interlocuteur.

Chaque alerte se traduit par une montée d'adrénaline. L'idée d'une intervention sur le terrain me met dans un état d'exaltation que je sais partager avec mes camarades, j'adore cet instant de bascule vers l'inconnu et le danger, ce moment où s'exprime la certitude que l'on va sortir de l'ordinaire. Je reconnais une forme d'addiction à l'action ; les moments de crise, je ne les redoute pas, je les guette et les attends.

Vingt minutes plus tard, j'arrive sur zone, le cordon de policiers qui délimite le périmètre de sécurité est déployé, les snipers sont positionnés, le bruit du monde a cessé, seul le bruissement du vent dans les feuilles des arbres qui bordent le jardin du pavillon se fait entendre. Tout semble figé. L'homme se tient à la fenêtre du premier étage ; le quinquagénaire porte une chemisette légèrement ouverte et je distingue un fusil de chasse. La prise de contact dans ces situations n'a rien d'aléatoire, c'est une étape importante que nous travaillons régulièrement en entraînement. Après m'être présenté, je rentre dans le vif du sujet. J'ai besoin de comprendre ce qui se passe au travers de ses mots. J'ai besoin d'entendre sa voix, les expressions qu'il utilise, ses tics verbaux, sa gestuelle, tout ce qui va me donner des éléments pour dresser de lui le profil le plus précis. Je demeure suspendu à ce qu'il va me dire pour orienter ma stratégie afin d'obtenir sa reddition. Premier mauvais signal : il est particulièrement soigné ; que ce soit sa coiffure ou ses vêtements, tout est impeccable ; cette propreté manifeste résonne en moi comme le message de quelqu'un qui aurait accompli un rituel de purification avant de mourir.

Mais ce n'est sans doute qu'une intuition et j'ai appris à me méfier de mes biais cognitifs. J'ai besoin de l'entendre verbaliser son intention de mourir.

– Maintenant que je me suis présenté, à mon tour j'aimerais en savoir davantage sur vous, car j'ai besoin de comprendre ce qui se passe : comment vous sentez-vous ?

– Bien… Je veux juste mourir.

Voilà, c'est dit, il a formalisé son intention de se donner la mort mais le contact est établi.

Je note de manière presque imperceptible qu'il a probablement consommé de l'alcool en quantité suffisante pour être désinhibé. Deux avertissements pour moi. À présent cela ne fait plus aucun doute : je n'ai plus affaire à un suicidaire, mais bien à un suicidant.

Je comprends qu'il est très près du passage à l'acte, la situation est délicate. Un rien peut lui faire commettre l'irréparable. Je tente de le ramener à la raison en évoquant l'amour de sa femme et de ses enfants. Rien n'y fait. Il est bel et bien décidé à se donner la mort. Il n'est pas agressif, il est apathique, presque. Cela peut paraître curieux, mais il est particulièrement poli et s'excuse même de nous voir :

– Je suis très gêné de vous avoir fait déplacer jusqu'ici, vous et vos collègues… J'ai beaucoup de respect pour le RAID, pour tout ce que vous faites… J'ai des bouteilles d'eau pour vous d'ailleurs, car j'imagine que vous avez chaud avec votre équipement.

J'essaye de profiter de cette confession. En insistant sur notre volonté de l'aider. Il ne me laisse pas le temps de poser une autre question.

– Vous savez, ce soir je serai gare de Lyon… J'ai pris une douche pour ne pas salir…

Cela fait plusieurs heures que je suis là, que j'échange avec lui quand il me donne cette information. Je comprends immédiatement ce que signifie cet aveu : il n'a pas du tout l'intention de prendre un train, il veut vraiment se tirer une balle et en finir. Gare de Lyon… je décode qu'il fait référence à l'institut médico-légal, la morgue qui se situe dans le 12e arrondissement de Paris, tout près de la gare. Sa décision est prise, ce n'est plus qu'une question de temps, de minutes peut-être. Il poursuit alors :

– La semaine dernière, j'avais l'intention de passer à l'acte, mais mon fils de huit ans a frappé à la porte de la chambre et j'ai rangé l'arme qui était déjà pointée contre ma tempe. Il est rentré avec un ballon, il voulait jouer au foot avec moi, j'avais conscience que ce serait la dernière fois, j'ai donc repoussé mon suicide pour jouer avec lui…

Je perçois une fragilité et une opportunité de le ramener à la raison : je lui demande alors de me parler de ses enfants, puis je lui suggère de m'envoyer son arme pour poursuivre la négociation dans des conditions satisfaisantes de sécurité.

– Seriez-vous disposé à me remettre votre arme ? Car je ne me sens pas à l'aise et je souhaiterais poursuivre notre conversation.

– Oui, je veux bien, mais c'est une arme de famille, je ne veux pas l'abîmer en la lançant depuis le premier étage…

– J'entends. Voilà ce que nous allons faire : nous allons vous lancer un bout et vous allez l'enrouler autour de votre fusil et ensuite vous allez nous le tendre.

J'emploie intentionnellement le mot « bout » pour ne pas employer celui de « corde » qui est associé à la pendaison et par extension au suicide.

Il accepte. Soulagement. À cet instant, je pense que je vais arriver à le « sortir » ; dans notre jargon, cela signifie le maîtriser et dénouer la crise. J'imagine déjà mes collègues me féliciter. En tout cas, je l'espère. Ces derniers temps ont été compliqués pour moi au RAID, je viens de la BRI Paris, l'unité concurrente, et cette rivalité, qui n'a aucun sens mais reste entretenue par certains, s'est manifestée à mon égard. Cette reddition serait l'occasion pour moi de montrer ce que je vaux.

Il récupère le bout et commence à faire un nœud autour du fusil, mais il s'interrompt. J'ai l'impression qu'il se passe de longues minutes alors qu'il s'agit probablement de secondes. Toujours ce maudit effet tunnel. Je fixe ses mains qui serrent encore plus fort le fusil, puis son regard vide et désemparé. Le temps se fige à nouveau. Il lance, comme dans un dernier soupir de désespoir :

– Et au fait ma femme ? Elle est où ?

Nous y sommes, au point critique. Souvent les suicidants évoquent leur femme ou conjointe juste avant de passer à l'acte, exprimant une dernière fois soit leur amour, soit leur détestation. Je dois être prudent, ne pas commettre de faux pas.

– Elle n'est pas là, mais elle n'est pas loin.

Je ne lâche pas ses mains du regard, il se tourne légèrement puis, enfin, j'accroche son regard. En une fraction de seconde j'ai compris, je hurle : « Non !!! » Parfois on utilise cette technique pour ramener à la réalité une personne en crise. Je n'ai pas le temps d'ajouter quoi que ce soit. Il me regarde, il crie : « Claire, je t'aime ! » Puis il se tire une balle en plein cœur. Je vois son corps s'affaisser… il s'écroule, c'est terminé.

Je suis sidéré. J'ai beau être habitué au contact de la mort, le suicide de cet homme m'a plongé dans un état de stupéfaction. Il était marié, il avait un travail, des enfants, rien ne justifiait qu'il se donne la mort. Après le coup de feu, je pénètre dans sa maison et reste dans le salon, je ne souhaite pas voir le corps au premier étage. Soudain un détail attire mon attention, une feuille accrochée au mur, sur laquelle est écrit :

« Loulou, tu auras ta 3e étoile. Ton papa qui t'aime… »

Je reçois ces mots manuscrits comme des coups de poing en plein cœur, mon fils a à peu près le même âge que le sien, et en plus, rien de très original, je le surnomme Loulou. Comment expliquer un geste dénué de toute forme de rationalité ? Plusieurs sentiments m'envahissent : la sidération, la culpabilité d'avoir échoué et la tristesse, non pas pour lui mais pour sa famille. C'est ma première négociation et j'ai failli. Comment continuer après une telle déconvenue ? Je sais que certains de mes collègues vont tenter de prendre avantage de cet échec pour remettre en compte ma légitimité au sein du groupe.

J'apprendrai plus tard que je n'avais pas les bonnes données en main au moment de l'intervention : le défunt souffrait d'une pathologie mentale ; sans rentrer dans des détails trop médicaux, disons qu'il était bipolaire. À quatre reprises déjà, il avait tenté de mettre fin à ses jours. Lorsque nous sommes intervenus, il était en rupture médicamenteuse, il avait cessé de prendre le traitement qui le stabilisait psychologiquement et il s'était alcoolisé. Il était en plein pic de crise. La solution à ce moment précis se trouvait sans doute davantage dans une intervention du groupe. Cette option n'avait pas encore été retenue lorsqu'il avait décidé de mettre fin à ses jours. J'avais donné le meilleur de moi-même mais n'étais pas parvenu à le sauver de ses propres démons.

Des années après, je ne parviens pas à oublier le regard de cet homme et reste hanté par son geste de désespoir.

Je m'étais promis avant de quitter le RAID de pouvoir – le mot n'est probablement pas adapté – sauver une personne qui tentait de se suicider. J'ai rempli mon contrat moral des mois plus tard en intervenant cette fois-ci au téléphone pour la reddition d'un suicidaire, mais rien ni personne ne pourra me faire oublier cette intervention.

J'ai pour trait de caractère une grande détermination, et cet échec a agi en moi comme un déclencheur, j'ai voulu comprendre à quel moment j'avais impacté de manière irréversible le succès de cette opération. Rien n'est plus ténu, plus fragile que le succès ou l'échec. La première des questions à laquelle j'ai tenté d'apporter une réponse était de savoir si j'avais respecté mon mandat, ma lettre de mission. Sans doute avais-je besoin psychologiquement de me trouver des excuses. Est-ce que l'on attendait de moi dans mon métier de négociateur 100 % de succès ou 100 % de performance technique ?

> Cette question est valable pour chacun d'entre nous dans notre quotidien professionnel. Doit-on attendre de vous 100 % de réussite dans les actions que vous menez ou bien est-on en droit d'attendre de vous que vous donniez le maximum de vos compétences techniques ? Évidemment, la deuxième réponse est la bonne, car aussi bon et efficace que vous soyez, il y aura toujours des éléments exogènes, imprévisibles, inattendus qui risquent de transformer votre succès en échec.

C'est à partir de cette expérience dramatique que j'ai décidé de consacrer une partie de mon temps à étudier les mécanismes liés au comportement, à la neuroscience, aux biais cognitifs et tout ce qui va impacter la prise de décision. Me former aux techniques d'influence et reconnaître les techniques de manipulation allait m'aider dans mes responsabilités de chef des négociateurs du RAID. Rapidement s'est forgé en moi le sentiment que ces techniques pouvaient s'appliquer dans le cadre de résolutions de crises de haute intensité, mais souvent également dans notre quotidien. C'est pourquoi je me suis consacré à développer des techniques tirées de mon expérience personnelle pour les partager avec le plus grand nombre, aussi bien dans la vie quotidienne que dans la vie de l'entreprise. **Détection du mensonge, de la manipulation, prise de risque, gestion des émotions, comment désamorcer le conflit, surmonter l'échec…**

J'espère vous transmettre à travers mon témoignage, celui d'un homme somme toute ordinaire, mais qui face à des situations extraordinaires, a su donner la meilleure version de lui-même, un enseignement concret qui vous aidera au quotidien. Des clés pour progresser et vous permettre d'ouvrir les bonnes portes.

Les origines

Travail, détermination, discipline

Un petit matin brumeux dans une zone périurbaine qui ressemble à toutes les zones périurbaines de France. À l'arrière de la voiture de mes parents, je regarde défiler le paysage. J'ai sept ans. C'est un âge où les petits garçons rêvent de devenir policier, pompier, médecin ou militaire ; moi, je veux devenir avocat, pour libérer mes oncles bien trop souvent derrière les barreaux à mon goût. Ma perception du bien et du mal est à cet âge encore floue et, en tout cas, insuffisante pour comprendre que si l'on envoie les personnes en prison, c'est généralement parce qu'elles le méritent au regard des préjudices causés à la société. J'ai grandi dans un cadre familial non conventionnel. Marqué du côté maternel par une fratrie turbulente qui me fera découvrir l'univers carcéral très jeune lors de mes visites au parloir. Je déteste ces fouilles, le bruit des clés, l'odeur qu'il y règne et par-dessus tout cette vitre constellée de nombreux trous qui nous sépare.

Ainsi j'accompagnerai régulièrement ma mère, sœur aimante de frères hors la loi, dans les prisons de Fresnes, Clairvaux, Châlons, ou plus loin encore dans l'Est de la France. Qui aurait pu prédire que ce petit garçon reviendrait des années plus tard dans certains de ces établissements pénitentiaires pour intervenir sur une mutinerie avec la BRI Paris ou comme négociateur avec le RAID ? Le destin s'amuse souvent des chemins qu'il nous fait emprunter. Je me souviens d'une visite à la prison de Fresnes en compagnie du directeur de l'établissement et des cadres du RAID afin de voir précisément la configuration des lieux dans l'hypothèse d'une prise d'otages. Soudain tout m'était revenu, les odeurs, les bruits. Ces souvenirs d'enfance bien enfouis dans ma mémoire s'étaient réveillés dès l'ouverture de la première porte qui nous menait dans l'antre de la prison.

À bien y réfléchir, ces visites n'avaient rien de romanesque et ce n'était probablement pas la place de l'enfant que j'étais.

Fort de ce constat, mon père avait considéré que le salut de sa famille passerait par un indispensable éloignement de l'agitation de sa belle-famille. Après avoir réussi le concours de sapeur-pompier professionnel, on lui avait offert la possibilité d'être affecté dans la région parisienne, et c'est ainsi que nous avions déménagé à Poissy, dans les Yvelines.

Les Yvelines, pour les provinciaux que nous étions, c'était Paris, et pourtant le département n'a rien à voir avec la capitale. C'est un mélange de banlieues proprettes et de cités dortoirs à mauvaise réputation. L'année de mes sept ans, nous nous installons dans cette ville royale à la gloire passée qui à cette époque est surtout connue pour héberger les usines de fabrication des voitures Talbot, une marque aujourd'hui disparue. Je m'épanouis rapidement dans cet univers où tout tourne autour de la caserne de pompiers, j'y passe de merveilleuses années faites d'amitié et d'insouciance. Nous ne roulons pas sur l'or mais je ne manque de rien et j'ai une enfance des plus heureuse : parents aimants, amis, sports de combat – judo, boxe américaine, j'irai jusqu'à intégrer l'équipe de France.

La boxe est une formidable école de vie, on ne triche pas lorsque l'on monte sur un ring, on est face à ses propres peurs et le temps de trois rounds on se retrouve confronté à un adversaire qui va physiquement vous mettre en danger. La veille de chaque combat, j'ai du mal à dormir. La peur me tétanise et pourtant, une fois sur le ring, je ressens une formidable excitation et l'envie de donner le meilleur de moi-même comme si cette peur finalement me transcendait. Je retrouverai plus tard ce sentiment lorsque je serai face à un preneur d'otage ou un criminel dangereux qu'il faudra interpeller.

Le sport m'impose cinq ou six entraînements par semaine et me laisse finalement peu de place pour faire autre chose. Mes résultats scolaires sont en chute libre au point de m'envoyer en filière professionnelle pour faire un BEP de comptabilité auquel j'échoue. Sans aucun rêve en tête ni aucun diplôme en poche, mon entrée dans la vie active s'annonce compliquée. Mon père souhaite m'inscrire à l'ANPE (Agence nationale pour l'emploi), mais j'ai autre chose en tête : reprendre des études générales. Toujours plein d'amour mais lucide, il me répond : « Mon pauvre garçon tu viens de rater un BEP et tu m'annonces vouloir passer un bac général, mais tu rêves !!! »

Finalement, nous faisons le tour des établissements scolaires sous contrat avec l'État, car nous ne sommes pas assez riches pour que mes parents me payent une boîte à bac. Nous sommes sur le point de renoncer, quand le lycée Pétrelle dans le 9e arrondissement de Paris finit par m'accepter en seconde générale. C'est inespéré. Je me souviens encore de l'entretien avec le directeur de l'établissement, d'une carrure impressionnante, qui regardait à peine mes notes. À quoi bon, les candidats à son établissement avaient un profil similaire au mien. Il me demanda une seule chose : « Puis-je vous faire confiance ? »

Sa voix de stentor résonne encore dans ma tête. En lui répondant « oui », je savais que je n'aurais pas de deuxième chance. Ainsi, à dix-sept ans, je repars à zéro ou presque, travaillant sans relâche comme jamais je ne l'ai fait auparavant, passant des soirées, des week-ends entiers à rattraper mon retard, prenant des cours particuliers pour combler mes lacunes. Aucune sortie ou presque avec les potes, j'enchaîne les petits boulots pour compléter ma bourse scolaire. Monter des manèges sur les fêtes foraines, travailler sur les marchés, dans des banques, ramasser des framboises… rien ne m'effraie. Le bac (avec mention !) enfin en poche, je m'oriente pour un master en marketing…

> Cette première partie de ma vie m'a appris une chose essentielle : la motivation n'est rien sans discipline. La motivation, c'est l'expression d'une volonté quand la discipline impose de maintenir un niveau d'exigence sur le long terme, et de ne jamais renoncer tant que l'on n'a pas atteint son but, même quand on a le sentiment de stagner. La discipline, c'est se lever quand on a sommeil, courir quand il pleut, travailler encore et encore sans relâche. J'ai retenu une deuxième leçon de vie de ces années d'apprentissage : être à la hauteur de la confiance qu'on vous accorde, ne jamais la trahir. Vous avez des ressources que parfois vous ne soupçonnez pas, c'est pourquoi il ne faut jamais décevoir quelqu'un qui a su voir votre potentiel.

Mon goût irrépressible pour l'action et l'engagement au profit des autres m'amène à songer à entrer dans l'armée, pour être sur le terrain. Mes parents approuvent mon choix, mais mon père, qui a certainement une autre idée derrière la tête, me propose de rencontrer l'une de ses connaissances, un policier retraité de la prestigieuse Brigade de répression du banditisme (BRB) à Paris.

Le flic à l'ancienne me plaît bien, suffisamment pour me convaincre de m'inscrire au concours d'inspecteur. Je me dis pourquoi pas ; pour autant, je sais que si jamais je réussis les épreuves, je risque d'être éliminé lors de l'enquête de moralité en raison de mon lien avec mes oncles, ceux-là mêmes que je visitais en prison.

Je réussis le concours et rejoins donc l'École nationale supérieure des inspecteurs de la Police nationale (ENSPN aujourd'hui) à Cannes-Écluses, près de Fontainebleau. J'y obtiens un classement très honorable qui me permet d'intégrer directement un service de police judiciaire. Devenir flic me valait d'être aussi mal vu que de devenir voyou dans une famille de policiers. Je l'ignorais, mais cet « héritage familial » allait pourtant considérablement m'aider plus tard dans mon métier de flic de terrain.

Je choisis, pour sa proximité avec les Yvelines où je réside, le SDPJ 92, à savoir le service de police judiciaire des Hauts-de-Seine et son siège à Nanterre. Pendant quelques mois, je tourne dans tous les services, crim, banditisme, stups, identité judiciaire, finances. J'envisage de demander à intégrer le groupe « enquêtes criminelles », mais j'ai du mal à supporter les autopsies ; la scie qui découpe le crâne, l'odeur de la mort me font renoncer à ce choix. Nouveau coup du destin, le patron du SDPJ 92, qui deviendra plus tard patron du RAID, décide de créer un groupe constitué de policiers expérimentés pour ne faire que des flagrants délits en matière de stups et de banditisme. Il cherche un groupe de voie publique de dix personnes qui devront gérer aussi des indicateurs – des « tontons », dans le jargon policier. Il a neuf noms en tête et il lui manque un dixième. Sans aucune expérience, je tente ma chance et demande un entretien. J'en parle au futur chef de groupe, Daniel, un Corse flamboyant qui vient des stups au quai des Orfèvres et qui est prêt à me prendre. Le patron du SDPJ 92, Corse lui aussi, me reçoit ; je sais que mon profil d'ancien sportif de haut niveau plaide en ma faveur. Il m'accepte et demande au chef de groupe ainsi qu'à Olivier, son adjoint, de me former. Je l'ignore encore, mais je vais passer cinq années absolument formidables et probablement les meilleures humainement et professionnellement parlant. Notre groupe est une meute, nous ne comptons pas nos heures et nous sommes d'une disponibilité à toute épreuve.

Cinq ans, à cette époque, c'est le minimum d'années d'expérience pour prétendre à intégrer la seule unité qui suscite mon intérêt, à savoir la BRI Paris, l'antigang du 36, quai des Orfèvres.

BRI Paris, ce nom résonne comme le Graal pour le policier de terrain que je suis. Après avoir fait mes preuves, je suis coopté par l'un d'entre eux qui s'engage à être mon parrain pour recommander ma simple candidature. Je vais passer dix ans à la BRI, de simple opérateur à chef adjoint de groupe. Grand banditisme, forcenés, go fast, meurtriers à interpeller, enlèvements, terrorisme, ce sera mon quotidien.

Les années comptent double dans ce genre d'unité et laissent peu de place à la vie personnelle. Les proches qui partagent votre vie en subissent les contraintes sans jamais en partager les joies. L'arrivée de mon fils va constituer un tournant, je prends conscience qu'il est temps de passer à autre chose, et à l'aube de mes quarante ans je décide de quitter la BRI pour candidater au poste d'officier de liaison en charge de la lutte contre le terrorisme à Londres.

Le poste est directement basé au sein du prestigieux New Scotland Yard dans l'unité de contre-terrorisme SO15. Je rends mes armes, ma combinaison noire pour les troquer contre un costume et le titre de CTLO (Counter Terrorism Liaison Officer).

Dans la perspective des JO de Londres en 2012, je participe courant 2011 à l'organisation, entre le RAID et les fameux SAS britanniques, d'un exercice majeur antiterroriste dans le tunnel sous la Manche. La multiplicité des interlocuteurs et la sensibilité des lieux nécessitent de bien maîtriser son sujet. Mon expérience à la BRI joue en ma faveur et à l'issue de l'exercice, qui est un succès, le chef du RAID, Amaury de Hauteclocque, me demande de rejoindre l'unité. J'accepte, sachant que je ne souhaite pas postuler pour rejoindre l'intervention, car à quarante-quatre ans je ne trouve pas cela physiquement raisonnable et j'ai déjà donné en matière d'intervention à la BRI. Je deviens le représentant du RAID auprès de toutes les unités européennes au sein du réseau ATLAS[1], le point de

1. Regroupement de forces spéciales de police de 27 États de l'Union européenne.

contact avec le GIGN (Groupe d'intervention de la Gendarmerie nationale), et avec un rôle opérationnel puisque je suis l'officier précurseur en cas de crise. Pour ce poste, il convient d'avoir du sang-froid, une expérience de l'intervention et d'être suffisamment ferme mais diplomate pour échanger avec les autorités sur place, à savoir préfet et procureurs ou leurs représentants.

J'exerce ces responsabilités pendant cinq ans puis le poste de chef des négociateurs se libère : il s'agit de former tous les négociateurs des unités décentralisées du RAID, les négociateurs de la BRI Paris, mais aussi du ministère des Armées auprès des forces spéciales.

Fin 2018, changement de chef signifie changement d'équipe ; un par un, la garde rapprochée du chef du RAID Jean-Michel Fauvergue, qui avait traversé toute la période des attentats, quitte l'unité. Cette pratique ne me choque pas, je la comprends. En revanche, j'ai du mal avec les courtisans et les guerres de palais, je sens qu'il est temps de me lancer un nouveau défi professionnel et à mon tour je demande à quitter le RAID.

Septembre 2018, je commence une nouvelle vie professionnelle en devenant, sous statut diplomatique, le nouveau chef d'antenne au consulat général de France à Hong Kong pour représenter dans toutes ses composantes le ministère de l'Intérieur à Hong Kong, Macao et Taïwan.

Six mois après mon arrivée, Hong Kong sombre dans le chaos avec un mouvement de protestation démocratique sans précédent. Pendant plusieurs mois je rends compte en direct des événements, je suis les manœuvres diplomatiques, les revirements, les grands discours puis les renoncements ; je serai même suivi à plusieurs reprises. Après la promulgation de la loi dite de sécurité nationale, le mouvement va s'éteindre en l'espace d'une journée. Le Covid fait alors son apparition et je mets un terme à mon mandat après trois ans en pensant définitivement avoir tourné la page de l'Asie.

En dépit des années qui passent, je reste toujours profondément motivé pour être au service de mes concitoyens. J'hésite, je m'interroge sur mon avenir professionnel. Je songe à prendre une disponibilité pour me lancer dans l'aventure entrepreneuriale. Je ne suis plus négociateur, mais je me sens de plus en plus investi dans tout ce qui relève de la gestion de crise, et suis souvent sollicité pour des questions de cette nature.

Je songe à quitter le ministère de l'Intérieur quand, finalement, je suscite l'intérêt d'un service de renseignements qui me recrute pour gérer des problématiques dans lesquelles mes compétences en gestion de sources humaines vont être mises en pratique. Je relève le défi et rejoins un service dit du premier cercle du renseignement. Quand je dis que je rejoins, ce n'est pas si simple que ça, loin de là. Je passe des heures en entretiens, pour ne pas dire « interrogatoires », toute ma vie est passée au peigne fin, mon téléphone, mes connaissances, on essaye de découvrir des points de vulnérabilité. Avec mon profil, je commence à douter, quand enfin j'obtiens mon habilitation de niveau pour « très secret ».

Cette expérience dans le monde du renseignement me convient parfaitement. Pourtant très volubile, je m'étonne de voir combien je parviens à être complètement hermétique quand on me pose des questions sur ce qui touche à mon nouveau métier. J'intègre rapidement la notion du « besoin d'en connaître ». Si on ne vous parle pas de quelque chose, c'est que vous n'avez pas besoin d'en savoir davantage. Entre personnes du renseignement, on ne pose pas de questions d'ordre professionnel… jamais.

Courant 2022, je suis contacté par LVMH qui a apprécié la façon dont j'avais traduit les événements à Hong Kong. En effet, pendant les mouvements de protestations à Hong Kong, j'avais, conformément à ma lettre de mission, renseigné nos entreprises françaises implantées sur place de l'évolution de la situation. Je m'étais rendu au siège de LVMH afin de faire un bref exposé de la situation et des enjeux sécuritaires à Hong Kong. Manifestement mon intervention avait été remarquée. On me propose de prendre la tête de la sécurité en Asie pour l'une de leurs marques. Pour la seconde fois, je retourne à Hong Kong. Cette fois-ci, plus de passeport diplomatique, je découvre un nouveau métier, de nouvelles contraintes, je suis affecté dans un bureau au quarante-deuxième étage d'une tour dans lequel je suis l'unique Occidental. Et une nouvelle fois, je vais devoir faire preuve d'un sens d'adaptation. Ainsi va ma vie…

Aujourd'hui, je mesure le chemin accompli depuis l'adolescent que j'étais, en échec scolaire, grandissant dans une cité dortoir de la banlieue parisienne, et qui, pour accomplir ses rêves, refusait de suivre une route tracée pour lui.

Aussi, quoi qu'il arrive, retenez ce mantra : **Ne jamais rien lâcher ! Soyez constant dans l'effort, fixez-vous des objectifs précis avec des points d'étape pour les atteindre.**

Première partie

Capitaliser / Le savoir-faire

Au préalable de toute négociation bien menée, il faut avoir en tête un certain nombre de points : qu'est-ce qu'on attend de moi, qui vais-je rencontrer, quelle est l'antériorité de notre relation, comment vais-je me préparer, comment vais-je me présenter, comment vais-je faire en sorte de me connecter à l'autre afin de mieux le comprendre, comment vais-je clore notre entretien pour confirmer que nous nous sommes entendus, quelles leçons vais-je pouvoir tirer de cet entretien, et enfin comment m'améliorer par la restitution, c'est-à-dire par de la formation et des mises en situation.

Concrètement ces questions vont s'articuler dans ce que j'appelle le **cercle vertueux de la performance.**

Sept concepts clés pour performer

* Le mandat
* L'analyse de la situation
* L'élaboration de la stratégie
* La prise de contact
* Établir la connexion à l'autre
* Savoir conclure
* Le retour d'expérience

1

Le mandat

Connaissez-vous le mythe de Sisyphe, celui qui avait été condamné par les dieux grecs à pousser inexorablement une pierre jusqu'en haut d'une colline qui, une fois arrivée au sommet, finissait toujours par retomber ? La souffrance n'était pas de pousser cette pierre, car il avait la force nécessaire pour le faire, mais de réaliser quelque chose qui n'avait aucun but. Dans le monde de l'entreprise, on peut parfois se poser cette question quand notre mandat est mal, voire pas du tout expliqué. Nous avons besoin, et nos collaborateurs aussi, de savoir précisément ce qu'on attend d'eux, quel est le but de la tâche qui leur est confiée, comment ils doivent la réaliser, dans quelles conditions et avec qui. Combien de fois avons-nous entendu « On ne m'avait pas dit », « Je ne savais pas », « J'ignorais », « On ne m'avait pas expliqué » ?

Quand quelqu'un vous fait cette remarque, les problèmes ne sont souvent pas loin. Il n'y a rien de pire que l'absence de précision dans le mandat.

On ne prend pas suffisamment en considération la notion de mandat, alors que c'est un élément essentiel dans toute forme d'action en entreprise et de mission professionnelle. **Il s'agit de définir clairement ce qu'on attend de moi et ce que j'attend de mes collaborateurs, quelle est ma lettre de mission, ma zone de compétence dans une action qui va d'un point A à un point B.**

Tout bon manager doit prendre le temps d'expliquer ce qu'il attend précisément de son collaborateur, ce que va être son travail, ses objectifs, ses relations d'ordre hiérarchique et le délai pour le réaliser.

L'histoire

Des bombes dans les imprimantes

2007, Londres, en poste comme officier de liaison dans la lutte contre le terrorisme. Mon rôle est de participer à la mise en œuvre de la coopération entre la France, le Royaume-Uni et l'Irlande en matière de lutte contre le terrorisme. Au quotidien, cela se traduit par des échanges d'informations entre les services de contre-terrorisme et de renseignements (à l'époque la DCRI, l'ancêtre de la DGSI – Direction générale de la sécurité intérieure). Toutes les informations sont classifiées et transmises via des messageries cryptées. Il y va de la confidentialité de ces échanges. Je ne suis pas là pour faire de la communication, mais bien en qualité de facilitateur dans la coopération entre nos pays. L'exercice est sensible et fragile, la relation amour/haine entre nos pays est bien réelle et je la perçois dès le premier jour de ma prise de poste à Londres. Je suis le bienvenu, mais je suis aussi « la grenouille française ». Avant de partir, mon chef m'a parfaitement bien expliqué la nature de mon rôle : la défense des intérêts français. Le Royaume-Uni est un partenaire et, comme tout partenaire, il a son propre agenda, qui en matière de lutte contre le terrorisme est bien différent de celui de la France. Rappelons-nous que nous sommes entre 2007 et 2011. À cette époque, Londres se caractérise par une liberté totale de parole d'individus radicalisés. On parle même de Londonistan pour certains quartiers de la capitale. Les autorités britanniques pensent préserver leur sécurité nationale en accueillant sur leur sol des individus aux prêches extrémistes. Les Britanniques ont une approche communautariste quand nous avons une approche diamétralement opposée. La coopération s'en ressent parfois sur un certain nombre de dossiers qui ont des intérêts dans les deux pays et qui piétinent à cause de la rétention d'informations. Toutefois, lorsque je prends le poste en septembre 2007, Londres a connu en 2005 une attaque terroriste et amorce un véritable virage en matière de lutte contre le terrorisme. La France devient soudain un partenaire privilégié, mais quelques vieilles habitudes demeurent et la vigilance m'est recommandée. Ne surtout pas tout prendre pour argent comptant et rapporter toute information même en « off », pour permettre d'avoir une vision plus précise de la stratégie britannique en matière de lutte contre le terrorisme. Si je ne suis pas un espion, on me demande de bien ouvrir mes oreilles.

Octobre 2010. Je suis à Londres, dans les bureaux de Scotland Yard. Cela fait trois ans que je travaille outre-Manche en tant qu'officier de liaison, chargé de la lutte antiterroriste. Je suis très bien intégré avec mes collègues britanniques, je suis presque des leurs. J'entretiens même avec certains des liens que je qualifierais d'amicaux. Ce matin-là lors de notre briefing quotidien, l'atmosphère est tendue. J'apprends qu'une bombe aurait été découverte à l'aéroport d'East Midlands, en Grande-Bretagne, dans le mécanisme d'une imprimante transportée par un avion de fret. Je sens que le meeting est écourté et que des informations me sont cachées. À l'issue de la réunion, je rejoins mon bureau avec une impression étrange ; voulant en avoir le cœur net, je retourne dans la salle et je constate que celle-ci est fermée. Manifestement se déroule un deuxième meeting auquel je ne suis pas convié. Ma première réaction est de me sentir meurtri, je ne suis donc pas vraiment l'un des leurs ! Surtout je m'interroge : peut-être la France est-elle impliquée dans cette tentative d'attentat. Je décide de demander des explications. Deux options s'offrent à moi :

1) Faire comme si je n'avais pas compris qu'on me cache des informations et me contenter d'une version officielle que je vais communiquer à mes autorités.

2) Creuser et ne pas lâcher afin de pouvoir collecter des informations pour mesurer à quel point les intérêts français sont en danger, la France se situant sur le parcours de l'avion concerné, en provenance d'Allemagne.

Je choisis la deuxième option et me présente à la porte. Je suis d'une nature calme mais là, je suis passablement agacé. J'essaye d'ouvrir la porte, qui est bel et bien verrouillée et que personne n'a l'intention d'ouvrir ; j'en déduis que le dossier est sensible. Je n'en démords pas, il faut que je collecte des infos sur la bombe. Je fais le pied de grue. La porte s'ouvre enfin. J'interpelle mes confrères britanniques :

– Écoutez, les gars, j'ai compris, mais je veux simplement savoir si oui ou non les intérêts français sont menacés dans cette histoire.

Je les sens très évasifs. Pour éviter de me répondre, certains se trouvent des tâches urgentes à réaliser. Devant le silence assourdissant, je déclare :

– O.K., très bien, je veux rencontrer le chef de l'antiterrorisme britannique dès que possible.

Mes collègues sont dans l'embarras, ça sent l'incident. Je précise que je ne bougerai pas et que j'attends dans mon bureau. Au bout d'une heure, le big boss a quitté son bureau pour directement venir me voir. Cette démarche est extrêmement rare et prouve non seulement que le dossier est sensible, mais qu'il veut conserver de bonnes relations avec les Français.

Pragmatique, il y voit aussi son intérêt. Disposant d'un officier de liaison anglais dans les bureaux de l'unité de coordination de la lutte contre le terrorisme basé à Paris, je dois absolument me préserver pour ne pas impacter son travail.

Accompagné de son chef de cabinet, un vieux *chief inspector*, le big boss va droit au but. Il me donne des informations sans toutefois répondre clairement à mes interrogations, puis ajoute que l'engin explosif était bien réel et surtout qu'il était actif.

Il ne me laisse pas le temps de répondre, me salue brièvement et tourne les talons. Au même moment son chef de cabinet, probablement en confiance après avoir entendu les propos de son chef, vient me voir et me glisse à l'oreille :

– C'était tellement juste que la bombe n'a été désamorcée par les services de déminage que quelques minutes avant son explosion.

Et il part lui aussi.

Cette information est capitale ; concrètement cela veut dire qu'un avion était programmé pour exploser en plein vol dans le ciel européen. Cette nouvelle mérite d'être rapportée sans délai aux autorités françaises afin qu'elles prennent les dispositions nécessaires dans la surveillance des frets aériens. Il en va de la sécurité nationale. Je rends compte immédiatement à mon autorité de tutelle au ministère de l'Intérieur en utilisant un logiciel crypté.

On me remercie, la journée s'achève et c'est avec le sentiment du devoir accompli que je rentre chez moi.

Le lendemain, alors que j'assiste à un colloque dans un amphithéâtre de New Scotland Yard, la porte s'ouvre brutalement. Je découvre la cheffe du bureau de coopération de la lutte contre le terrorisme dont je dépends. Elle se fige. Elle scrute tous les participants avec sa tête des mauvais jours. Soudain son regard s'attarde sur moi, elle me fixe et du doigt me fait signe de sortir de la salle pour la rejoindre. J'entretiens avec elle des rapports courtois, mais cette fois-ci elle ne s'embarrasse d'aucune formule de politesse. Elle m'attaque, bille en tête :

– Qu'est-ce que tu es allé raconter chez toi ?

Autrement dit en France. En une fraction de seconde, je retrouve mes réflexes de terrain. J'ai besoin d'en savoir plus et, avant de parler et de reconnaître quoi que ce soit, je vais faire le naïf en prétendant ne pas comprendre ; je dois apprendre ce qu'elle sait et aussi ce qu'elle ne sait pas. En un mot, je la laisse venir.

Ce qu'elle me dit me glace. Hier soir au JT de 20 heures, Brice Hortefeux, le ministre de l'Intérieur de l'époque, a annoncé en direct que le Royaume-Uni avait à quelques minutes près désamorcé une bombe sur le point d'exploser. Il a raconté mot pour mot les informations secrètes que j'ai obtenues la veille. C'est contraire à tous les usages, ces informations sont secrètes et n'ont pas à être diffusées au grand public sur un plateau de télé. J'ignore quel était son but et il vient non seulement de me griller, mais aussi d'altérer la coopération franco-britannique en matière de lutte contre le terrorisme. Cette déclaration ahurissante est contraire à tous les usages et provoque des secousses diplomatiques, les ambassadeurs des deux pays doivent s'expliquer. Je n'en mène pas large. Premier réflexe : je suis bon pour un « vol bleu », expression utilisée quand un diplomate est renvoyé dans son pays d'origine pour faute ou incident diplomatique. Généralement ça se fait en l'espace de quarante-huit heures.

Passons maintenant à ce qu'elle ne sait pas. Elle le formule directement en demandant comment autant de détails ont pu être obtenus.

Elle sait que le chef de l'antiterrorisme est venu me voir, mais elle ignore que son chef de cabinet a été trop bavard avec moi. Elle veut savoir d'où vient la fuite.

J'analyse rapidement la situation. Premièrement, je lui dis que je ne suis pas l'auteur de cette information. Deuxièmement, je fais en sorte de rencontrer discrètement le chef de cabinet. Quand il me voit, il semble terrorisé. J'ai juste le temps de lui dire de me retrouver dans un pub dont je lui communique le nom. Lorsqu'il m'y rejoint, il est blanc comme un linge. Il a parfaitement compris que la boulette vient de lui et il doit me maudire. Il m'annonce que des enquêteurs de Scotland Yard sont chargés d'entendre toutes les personnes ayant été en contact avec moi pour déterminer d'où provient la fuite. Il ajoute qu'il risque de perdre son job, ce qu'il m'a dit est considéré comme une faute lourde.

Je suis consterné par ce qui arrive. Il ne résistera pas deux minutes à un interrogatoire. Ce type est quelqu'un de bien avec qui, à chaque fois que je l'ai croisé, j'ai pris plaisir à échanger. Il faut que je fasse abstraction de l'affect que j'ai pour lui. De nouveau je me remémore ce que j'ai appris sur le terrain à Nanterre. Je me concentre uniquement sur ma lettre de mission, mon travail étant d'informer les autorités françaises. J'ai été sélectionné et suis payé pour ça. Mon travail est de défendre les intérêts de mon pays, même si je suis traité avec beaucoup d'égards par les Britanniques.

Au moment où je m'apprête à lui parler, je peux vous assurer que je n'ai pas envie de me regarder dans une glace, mais en acceptant ce poste j'ai accepté le mandat qui m'était confié. Je suis là pour représenter mon ministère et, quand cela est nécessaire, défendre les intérêts français. Je prends ma respiration et lui dis :

– Écoute-moi bien, si tu es interrogé et que tu dis que tu m'as parlé, alors oui, je confirmerai, en disant que tu savais ce que tu faisais. Moi je serai renvoyé en France mais toi tu perdras ton job. En revanche si tu ne dis rien, je te promets de ne plus être en contact avec toi afin de n'éveiller aucun soupçon.

Je vois son regard, certain qu'à ce moment-là il me déteste, et il a raison. Il me fixe puis m'informe :

– Je te jure que je ne dirai rien.

– Très bien, c'est O.K. pour moi.

Pour avoir éprouvé ce type de technique de manipulation quand j'étais sur le terrain, je savais qu'il ne dirait rien.

Il faut désamorcer la crise. Côté français, le directeur général de la police, Frédéric Péchenard, ancien numéro 2 de la BRI Paris et grand professionnel, contacte son homologue britannique pour lui assurer que je n'y suis pour rien et que l'information émane d'un échange entre les services français et britannique.

Cette déclaration est suffisante pour que je conserve mon poste. En revanche, pendant un peu plus d'un mois je suis *persona non grata* à Scotland Yard ; j'en profite pour renforcer mon réseau de coopération à Manchester et en Irlande, le temps que les tensions s'apaisent. Le traitement de ce dossier a laissé des traces. J'ai le sentiment d'avoir trahi les gens que je respecte et avec qui je travaille au quotidien depuis plus de trois ans et, en même temps, je sais que je n'ai fait que respecter ma lettre de mission qui m'avait très bien été expliquée par mon chef de service avant mon départ. Il avait su trouver le temps d'aborder la possibilité que ce type de problème pouvait surgir un jour ; sur le coup, ses propos m'avaient semblé curieux.

Bien sûr que j'étais à Londres en tant que Français pour défendre les intérêts français, comment pouvait-il en douter ? Pourtant il avait eu raison d'évoquer cette possibilité. Je n'étais pas là-bas pour me faire des amis, mais bien pour remplir une mission précise.

J'avais beaucoup de respect pour le chef de l'Unité de coordination de la lutte antiterrorisme (UCLAT), nous nous connaissions depuis longtemps et il avait déjà été mon chef à mes débuts à la police judiciaire des Hauts-de-Seine.

Il avait soutenu ma candidature pour le poste à Londres et j'ai la faiblesse de croire qu'il avait confiance en moi. Une deuxième fois au cours de mon expatriation à Londres, il a eu l'occasion de me rappeler quel était mon rôle.

En effet, quelques mois avant la fin de mon contrat à Londres, je me rends à Paris afin de demander à effectuer une année supplémentaire car, à quelques mois des JO de Londres, je trouvais judicieux de poursuivre mon aventure britannique.

Par conséquent, c'est confiant que je prends l'Eurostar pour le rencontrer en ce début d'après-midi. Comme d'habitude il m'accueille chaleureusement, je lui expose la raison de notre entrevue, quasi convaincu d'obtenir son approbation.

Après que je lui ai formulé ma demande, il me regarde des pieds à la tête puis me dit :

– Je suis désolé, Laurent, vous devez rentrer. Les contrats sont de quatre ans et vous le savez.

Je sais surtout que de nombreux officiers de liaison obtenaient des prolongations et donc je ne comprends pas la raison de son refus.

Au moment où j'amorce un « mais », il insiste :

– Laurent, il est temps de rentrer.

L'entretien est clos, inutile d'insister.

Deux années plus tard, alors que j'étais au RAID, nous nous sommes croisés et je n'ai pas manqué de lui poser la question :

– Pourquoi aviez-vous refusé ma prolongation de contrat ?

Il m'a répondu sans prendre de gants :

– Vous étiez devenu trop proche d'eux et j'avais peur que vous n'ayez plus la capacité de remplir complètement votre mission.

Je me suis remémoré cette séquence et je me souviens que ce jour-là j'étais habillé comme un vrai flic de Scotland Yard, en costume à rayures et chaussettes rouges. Ne manquait que le chapeau melon pour parfaire la panoplie. J'aurais voulu me déguiser que je n'aurais pas fait mieux.

En adoptant les codes vestimentaires de mes collègues anglais, j'avais été perçu par mon chef comme trop bien intégré. Cela se confirma lorsqu'il ajouta en souriant :

– Vous aviez le syndrome de Stockholm.

Il pensait que ma lettre de mission était menacée ; il se trompait, mais tout dans mon attitude laissait à penser le contraire. Il avait par conséquent agi avec moi et mis de côté l'affect pour remplir son rôle de manager en me demandant de rentrer.

Ce que j'ai appris

Un secret n'en est plus un dès lors qu'il est partagé par plus de deux personnes. Il faut maîtriser son circuit de communication et les interlocuteurs à qui on va transmettre des informations sensibles.

Par ailleurs, lorsque l'on sait précisément ce qu'on attend de nous, on se retrouve en mesure de comprendre les enjeux de notre travail. On agit en conscience. En dépit des liens qui m'unissaient à mes collègues britanniques, ils avaient respecté de leur côté leur mandat en ne me communiquant que des informations parcellaires. De mon côté, dans la mesure où j'avais compris qu'ils me cachaient quelque chose, j'avais rempli mon contrat en tentant d'en savoir davantage.

Dans la notion de mandat émergent les notions de loyauté, de priorité et de confiance. Le mandat est un contrat juridique via un contrat de travail, mais c'est aussi un engagement tacite entre un employeur et un salarié.

Je te recrute car je considère que tu es la bonne personne pour effectuer ce rôle et exercer ces responsabilités. Afin que tu sois à l'aise avec nos process et la culture de notre entreprise, je vais te former et t'expliquer précisément ce que j'attends de toi.

Parallèlement, puisque je considère que tu es la meilleure personne pour exercer cette responsabilité, je vais t'accorder de la confiance dans l'exécution technique de ton travail, et ce dans le périmètre de responsabilités que nous aurons clairement défini ensemble.

Cette confiance ne sera ni aveugle ni absente de toute forme de contrôle, car elle s'accompagnera de points de situation réguliers que nous ferons ensemble.

Dans ce cas précis, à partir du moment où la situation s'était tendue, les intérêts britanniques n'étant pas forcément les mêmes que les intérêts français, chacun avait joué sa partition. En dépit d'une dimension affective, et il en va de même dans le secteur privé entre partenaires commerciaux réguliers, il convient de ne pas se faire absorber par les émotions de l'autre au risque de ne pas être en mesure de remplir complètement votre mission.

C'est à vous

Le mandat est un engagement. Au RAID, l'articulation de l'unité est assez simple : l'intervention, la négociation, les groupes techniques et le groupe cynophile. À la tête de chacun de ces groupes, il y a un chef qui rapporte au chef du RAID ou à l'un de ses deux adjoints. Cette simplicité relative a la vertu de permettre la prise de décision rapide.

Dans le secteur privé, des zones grises peuvent exister et la connaissance des mandats est parfois plus floue. Les employés sont souvent confrontés à une fiche de poste insuffisamment précise, faite de grands concepts mais qui, concrètement, ne veulent rien dire ou pas grand-chose. Pour gagner en performance, il convient donc de définir le mandat en se posant **ces quatre questions pour éviter tout conflit : qui ? (la relation), quoi ? (la tâche), quand ? (l'organisation), comment ? (la procédure).**

EXPLIQUER PRÉCISÉMENT LE MANDAT POUR ÉVITER LES CONFLITS ET LES MALENTENDUS

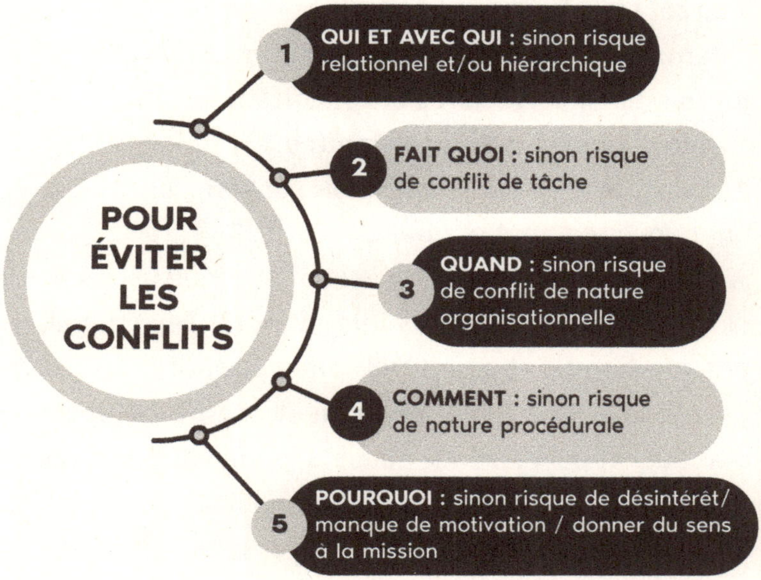

Le deuxième point important dans le mandat est de **vous accorder de la confiance.** Ainsi lorsque je recrute un collaborateur, je lui explique précisément son rôle, et une fois que je l'aurai choisi et formé à la culture de l'entreprise, je lui accorderai de l'**autonomie** dans cette zone. Je vais éviter toute forme de micromanagement pour lui donner confiance dans l'exécution de ses tâches.

Les points à préciser pour aborder sereinement son mandat

* Le contexte et l'environnement du poste.
* L'entreprise et ses principaux interlocuteurs clients, fournisseurs, partenaires et concurrents.
* Votre place dans l'organigramme.
* Et surtout de façon simple mais pas simpliste : « Qui fait quoi, comment et quand ? »

À défaut de ne pas respecter scrupuleusement cette méthode, des conflits d'ordre relationnel, organisationnel et structurel sont à attendre. Si vous pensez que vous êtes en train de sortir de votre mandat, appuyez sur « pause » pour vous assurer auprès de votre hiérarchie des nouvelles contraintes auxquelles vous faites face – on ne vous le reprochera jamais !

2

L'ANALYSE DE LA SITUATION

La phase de préparation par l'analyse de la situation est un **facteur déterminant dans la performance.** Elle offre des clés pour ouvrir les portes du succès. Avant de vous lancer dans une négociation ou un entretien avec de forts enjeux, il convient de mettre toutes les chances de votre côté, et de vous poser certaines questions. Par exemple, celle de savoir si vous êtes tout à fait la même personne que celle que vous étiez il y a encore deux ans à peine. Que ce soit un individu ou une entreprise, rien n'est figé. Des changements stratégiques, des changements de postes peuvent affecter considérablement l'organisation et la politique d'une entreprise. Même s'il vous semble déjà connaître la société et la personne que vous vous apprêtez à voir, armez-vous de patience afin de **collecter des informations** qui vont vous aider à affiner votre stratégie de négociation.

Gardez en tête également que l'être humain est tel qu'en fonction de certains stimuli il va se faire une idée et un jugement rapide d'un individu. Quelqu'un qui transmettra inconsciemment chez son interlocuteur des valeurs de confiance ou d'appartenance peut **déclencher une opinion positive** chez lui. Ce jugement impactera durablement la suite de la négociation ou de l'entretien.

Le but sera par conséquent non seulement de collecter le maximum d'informations, mais aussi de **déterminer les points communs** que nous pourrions avoir avec notre interlocuteur.

Il ne s'agit pas de vous découvrir une passion pour le football sous prétexte que votre interlocuteur est un fervent supporter de l'équipe de sa ville natale, si vous n'avez aucune connaissance du sujet.

En revanche, cette information pourra vous être utile dans votre stratégie, car vous aurez affaire manifestement à quelqu'un qui aime les sports d'équipe avec toutes les valeurs que cela véhicule.

Vous l'aurez compris, cette phase de planification est indispensable et constitue le préambule à l'élaboration de votre stratégie.

L'histoire

L'homme aux vingt-cinq identités

Le terme d'« escroc » est associé à un individu certes délinquant, mais à qui on reconnaît souvent la particularité d'être sympathique. J'aurais tendance à dire que c'est effectivement ce qui le caractérise et c'est bien là le problème, puisqu'un escroc va utiliser tous les ressorts psychologiques pour paraître sympathique auprès de ses victimes et ce, pour mieux en abuser ! Un escroc antipathique fait rarement carrière dans ce type de criminalité…

Celui qui nous intéresse avait fait des dizaines de victimes en usurpant leur identité. La plupart d'entre elles demeurant dans les Hauts-de-Seine, le chef du SDPJ 92 nous avait alors confié ce dossier qui, il faut bien l'avouer, n'avait pas déclenché un enthousiasme débordant dans notre groupe qui était plus enclin à chasser les braqueurs de banques ou les dealers. Rapidement nous nous étions rendu compte que l'individu en question n'en était pas à son coup d'essai et surtout qu'il avait développé des aptitudes psychologiques hors pair pour parvenir à ses fins.

Nous sommes en 1998, aux balbutiements de l'Internet et des portables. À cette époque, les offres d'emploi se dénichent dans les journaux et les contacts téléphoniques se font via des lignes fixes. Notre escroc, en utilisant une fausse identité et une carte de crédit à ce nom d'emprunt, s'était spécialisé dans l'achat de matériel photo, notamment des téléobjectifs, des pièces relativement réduites et qui coûtaient une petite fortune lorsqu'elles étaient de qualité. Il écoulait sa marchandise en alimentant des réseaux de receleurs et son business lui rapportait des sommes considérables.

La technique qu'il employait était assez simple : il usurpait l'identité d'une victime et ouvrait un compte en banque sous cette fausse identité en déposant un chèque sans provision. En fonction des banques, il parvenait à obtenir une carte de crédit sous cette fausse identité avant que l'établissement ne découvre que le chèque déposé ne valait rien et ne ferme, en urgence, le compte bancaire.

L'escroc était parfaitement au fait des us et coutumes bancaires. Il savait qu'il disposait d'une journée ou deux après réception de sa carte de crédit avant que celle-ci ne soit bloquée. Il faisait un maximum d'achats durant ce laps de temps, et escroquait des centaines de boutiques.

Si le système semblait simple et éprouvé, la façon dont il parvenait à obtenir des papiers sous une fausse identité l'était beaucoup moins.

Il publiait des annonces d'offres d'emploi en se faisant passer pour un employeur spécialisé dans le transport. Rapidement un candidat se manifestait et c'est là qu'il entrait en jeu en ayant parfaitement analysé la situation. Premièrement, il vérifiait que le candidat en question disposait, en plus du permis poids lourd, du permis moto, car étant motard il voulait en cas de contrôle routier s'assurer que la victime dont il usurpait l'identité était bien autorisée à rouler sur cet engin.

Une fois le contact pris par téléphone avec sa victime, il se faisait passer pour le gérant de la société et réalisait un pseudo-entretien d'embauche. À l'issue de celui-ci, il se donnait le temps de la réflexion pour générer un peu de stress dans la tête de sa future victime, puis reprenait attache avec elle en lui annonçant qu'elle avait été retenue.

Il avait au préalable abordé la question du salaire généreux qu'il allait offrir. Avant de conclure, il ajoutait que ce travail nécessitait un casier judiciaire vierge, car il transportait régulièrement des biens de valeur, et il réclamait au candidat un document l'en attestant. Il précisait que parmi ses connaissances il y avait un policier qui était en mesure de faire ces vérifications et que cela lui éviterait des lenteurs administratives, le candidat pourrait ainsi commencer plus rapidement.

Le candidat, dans de bonnes dispositions psychologiques en apprenant qu'il avait trouvé du travail, répondait généralement par l'affirmative et le piège se refermait sur lui.

L'escroc passait à la phase finale de son attaque en collectant dans un second temps tous les renseignements administratifs du candidat, y compris l'identité de ses deux parents. Une fois tous ces renseignements en poche, il se rendait au commissariat le plus proche pour enregistrer une déclaration de perte de documents d'identité en fournissant toutes les informations confidentielles qu'il avait obtenues.

Muni de cette déclaration de perte officielle, il allait dans une préfecture, fournissait une photo d'identité et quelques jours plus tard le tour était joué, il recevait dans la boîte aux lettres d'une maison non habitée mais accessible, grâce à la complicité d'un facteur qu'il avait soudoyé, la convocation pour venir retirer sa vraie-fausse carte d'identité.

Sa nouvelle identité en main, il pouvait enfin se rendre dans une banque pour demander une ouverture de compte en fournissant de fausses fiches de paye et de faux justificatifs de domicile.

C'était l'affaire de quelques jours, il pouvait dès lors écumer les boutiques pour commettre ses méfaits.

Lorsque nous débutons l'enquête, nous ne connaissons bien entendu pas ce mode opératoire, nous n'avons que les victimes qui se sont manifestées et les plaintes des commerçants. Bon point tout de même, certains ayant fait une photocopie de la pièce d'identité au moment de l'achat, nous avons par conséquent une photo de l'escroc.

Celle-ci montre un jeune homme d'une trentaine d'années, au visage agréable, le sourire et les yeux pétillants, le gendre idéal. Nous la présentons dans tous les commissariats du département mais sans succès. L'enquête s'annonce difficile, d'autant que nous gérons en même temps tous nos autres dossiers de flagrant délit et que l'arrestation d'un escroc ne fait pas partie des priorités face à un braqueur susceptible de blesser des gens lors d'une attaque. Chacun y va de son idée jusqu'au jour où le N 2 du groupe nous dit :

– Écoutez, ça suffit, on se met tous autour de la table, on compare nos idées, nos pistes et on se consacre exclusivement à ce dossier.

À force d'investigations, de regroupements, on a fini par découvrir la véritable identité de notre caméléon, mais bien entendu aucune adresse connue. On commence à dessiner le profil psychologique d'Éric, un type sans attache et un vrai solitaire. Toutes les victimes, les commerçants et les directeurs d'agences bancaires sollicités insistaient systématiquement sur deux caractéristiques : son côté séducteur et sa passion manifeste pour la moto.

On commence dès lors, grâce à nos techniques d'investigations policières, à cibler des profils féminins susceptibles d'avoir été à son contact et qu'on avait identifiés. On concentre nos recherches sur le profil d'une femme non mariée et possédant le permis moto. Une seule personne possède ces caractéristiques communes. C'est ainsi que, munis de notre commission rogatoire (CR) délivrée par le juge d'instruction, nous débarquons à 6 heures du matin chez une jeune femme qui n'a jamais eu affaire à la police. Ce réveil matinal ayant pour unique but de mettre une pression psychologique sur cette employée administrative d'un groupe d'assurances qui nous voit débarquer chez elle avec effroi. Cette pression, nous ne l'aurions sans doute pas obtenue par une convocation classique dans nos locaux. Le résultat est à la hauteur de nos espérances puisqu'à la vue de la photo de l'escroc, elle nous donne un numéro auquel elle avait pu le joindre une fois. Elle l'avait conservé et avait oublié de le jeter comme il lui avait pourtant demandé.

Ce numéro est celui d'une cabine téléphonique située dans une rue calme du 16e arrondissement de Paris. Grâce à cette jeune femme, nous savons aussi que sa moto est une Yamaha de type sportive et de couleur noire.

L'étau se referme, mais il nous échappe encore.

Nous savons qu'il prend systématiquement ses rendez-vous avec les banques le mardi matin à l'ouverture. Nous montons un dispositif de surveillance tous les mardis matin entre 8 heures et midi dans la rue où l'on a localisé la cabine. Nous faisons des rondes à pied, tandis qu'un collègue est en planque dans une camionnette. Cela fait à présent trois mardis de suite que nous sommes en place avec un secteur relativement grand à surveiller. Alors que nous sommes sur le point de décrocher pour partir travailler sur d'autres dossiers, notre collègue dans le sous-marin, notre véhicule dédié à la surveillance avec vue sur la rue et la cabine, nous signale enfin l'arrivée d'une Yamaha noire sur place.

Il annonce sur les ondes de la radio :

– Ça se pose, il y a un conducteur et une passagère.

Taille et corpulence identiques à notre cible, mais reste ce casque qui empêche d'identifier cette personne.

– Attention à tous, il vient d'enlever son casque… Bingo, c'est notre client !

Plutôt que risquer une interpellation sur place, nous attendons de voir dans quel immeuble il entre. Après une nouvelle planque de quelques heures, l'homme sort enfin de l'immeuble et nous pouvons procéder à son interpellation.

Il s'agit bien de notre homme. Munis des clés qu'il avait sur lui, nous pouvons ouvrir son appartement et y découvrir du matériel volé non encore vendu et six kilos de résine de cannabis, car monsieur était manifestement multitâche !

Pour clore ce dossier, je dois reconnaître que pendant les quarante-huit heures de garde à vue, nous avons eu affaire à un individu qui détonnait par rapport à notre « clientèle » habituelle par sa politesse et, oserais-je dire, sa sympathie. Heureusement que nous étions rompus à l'exercice des auditions car il n'a cessé d'être dans la séduction, les techniques d'influence et la manipulation.

Sa parfaite maîtrise des ressorts psychologiques ne l'aura pas empêché de partir en prison.

Au cours de ses auditions revenait sans cesse sa question : « Mais comment avez-vous fait pour me retrouver ? » La réponse que nous n'y avons jamais apportée était : persévérance, analyse de la situation et collecte d'informations.

Ce que j'ai appris

L'usurpation d'identité est un traumatisme pour les victimes, car s'engage pour elles un long combat pour justifier de l'innocence des faits qui leur sont reprochés. Pour l'avoir vécu comme enquêteur, j'ai pu voir les dommages que cela cause avec des procédures en contentieux qui peuvent parfois durer des années. Ces victimes avaient plusieurs points communs : celui d'avoir cédé à la tentation d'emprunter des chemins de traverse pour gagner du temps – **méfiez-vous d'une mariée qui est trop belle !** Celui aussi de s'être laissé emporter par la sympathie que leur inspirait cet escroc. J'ai pu mesurer combien cet individu était doué pour cerner votre personnalité et s'adapter en conséquence. À l'issue de sa garde à vue de quarante-huit heures, il avait, en dépit de ce que nous savions sur lui, été en mesure d'atténuer l'image négative que nous en avions. En trente ans de police, après avoir travaillé sur les plus gros dossiers judiciaires, je reste impressionné par la capacité qu'avait développée cet individu à comprendre son interlocuteur. Malheureusement il avait mis cette intelligence au service du mal.

Autre leçon que j'ai pu tirer de ce dossier : **l'intérêt du travail en groupe**. Sans confronter nos idées, nous n'aurions, il me semble, jamais été en mesure d'interpeller cette personne autrement que fortuitement. Notre travail en équipe avait été productif. Sans une analyse précise de toutes les informations que nous avons su collecter, nous n'aurions pas pu établir le profil psychologique de cet escroc et procéder à son arrestation. Il n'y a pas de mauvaises idées dès lors qu'elles sont confrontées avec bienveillance.

C'est à vous

Vous êtes sur le point d'entreprendre une négociation ou un entretien complexe ou avec de forts enjeux. Mettez toutes les chances de votre côté.

Collectez le maximum d'informations. Internet, les réseaux sociaux, n'hésitez pas. Vous trouverez parfois des pépites qui vont vous aider dans votre contact à l'autre. Un conseil toutefois : si vous pouvez collecter de l'information, sachez que la réciproque s'applique.

Maîtrisez votre présence sur les réseaux. Combien de fois ai-je vu des personnes qui finissent par mélanger le pro et le perso ? Pour éviter cet écueil, je conseille de créer deux comptes, l'un dédié au professionnel et l'autre à votre vie privée et accessible uniquement pour celles et ceux que vous aurez acceptés. N'oubliez pas une chose, nous avons trois visages. Chaque jour nous portons notre masque social qui est le visage affiché en société, puis nous avons notre masque privé qui relève, comme son nom l'indique, de la sphère privée et familiale, et enfin nous avons un masque secret qui ne regarde que nous.

Si vous partagez des informations qui relèvent du privé, vous montrez un point de votre personnalité sur lequel on pourra travailler pour vous influencer ou vous manipuler. J'aborderai ce point plus en détail, mais pour vous influencer on a besoin de vous connaître, et quoi de plus facile si vous vous livrez sans filtre sur votre vie privée ?

Ne vous laissez pas absorber par vos émotions, gardez le contrôle. Dans le cas de notre escroc, les victimes ont dans un moment d'euphorie communiqué des informations qu'elles n'auraient jamais donné dans un autre contexte. Souvenez-vous de cet adage : « Quand il y a un doute, il n'y a pas de doutes. »

Maîtrisez la temporalité pour pouvoir prendre de la hauteur et retrouver la tête froide avant de donner des renseignements confidentiels ou une réponse qui va vous impacter durablement. N'hésitez pas à vous poser, différer votre réponse et effectuer au préalable des recherches sur votre interlocuteur – aujourd'hui vous disposez d'outils tel Internet dont nous ne bénéficiions pas à l'époque. Si besoin, sollicitez votre entourage pour avoir plusieurs avis.

Comment ne pas se laisser submerger par ses émotions ?

* Faire une rétrospective des événements et relativiser.
* Ne pas dramatiser.
* Se focaliser sur les réussites.
* Se détendre et méditer.

3

L'élaboration de la stratégie

À présent, vous connaissez votre mandat, vous avez collecté toutes les informations pour préparer votre entretien ou négociation, voici venu le moment d'élaborer votre stratégie.

Dans les unités d'intervention, la stratégie doit s'articuler autour de trois points : ce sur quoi je suis prêt à négocier, ce qui sera un peu négociable, et enfin ce qui ne sera absolument pas négociable. La stratégie est un plan directeur, elle va s'adapter en fonction des informations que vous allez obtenir de votre interlocuteur. Partez avec un plan que souhaitez suivre à la lettre et vous avez de grandes chances de ne pas parvenir à votre but. Vous allez devoir **être agile et comprendre votre interlocuteur**, c'est lui qui va vous donner les clés. La négociation n'est pas un combat avec un gagnant et un perdant, elle n'est pas une mise à mort non plus. Mais il n'y a jamais deux gagnants. **La négociation, c'est donnant-donnant.** C'est en comprenant votre interlocuteur que vous allez orienter votre stratégie.

Pour vous donner un exemple concret : dans une prise d'otages, si le forcené me demande de la drogue ou des armes, ce ne sera absolument pas négociable ; s'il réclame une voiture, je vais tout faire pour ne pas la lui fournir, mais c'est une option que je ne peux pas me permettre d'exclure complètement. S'il veut un chargeur de portable, c'est négociable, tout comme une cigarette, en revanche je ne vais pas lui donner le paquet, je vais lui accorder cigarette après cigarette pour créer chez lui une dette émotionnelle que j'utiliserai à son encontre le moment venu.

Dans l'élaboration de la stratégie, il faut **espérer le meilleur mais se préparer au pire**. Faire une analyse *ante mortem* plutôt que *post mortem*, à savoir imaginer dès le départ la possibilité que notre plan puisse ne pas avoir fonctionné, et se formuler toutes les raisons qui pourraient amener à cet échec, je dis bien « toutes ». On parle de **la théorie du cygne noir : imaginer ce qui n'est pas imaginable**. Les Britanniques pensaient que les cygnes noirs n'existaient pas jusqu'à ce que des colons néerlandais en découvrent l'existence à la fin du XVIIIe siècle lorsqu'ils arrivent en Australie. Ce qui n'existe pas n'existe pas jusqu'au jour où l'on découvre que ça existe. Plus près de nous, les attentats du 11 septembre 2001 sont un exemple de cygne noir. Jamais les États-Unis n'avaient imaginé un scénario tel qu'il s'est produit ce matin-là sur les Twin Towers à Manhattan.

Plus près de nous encore, la pandémie de Covid 19 et les confinements. Qui aurait pu imaginer le monde en arrêt complet pendant ces longs mois ?

L'histoire

La vieille dame de l'Équateur

Parmi les missions du RAID, l'une est méconnue car, si elle n'est pas secrète, elle est confidentielle. Elle concerne la gestion de crise en matière d'enlèvement de ressortissants français à l'étranger. À chaque fois qu'un Français est enlevé en dehors du territoire national, le Quai d'Orsay active une cellule au sein de sa cellule de crise dédiée à la négociation. Il s'agit de la CIN (cellule interministérielle de négociation), qui est chargée de proposer la stratégie de négociation.

Elle est l'unique composante où le GIGN et le RAID sont cosaisis et travaillent ensemble. Les négociateurs des deux unités se retrouvent afin d'envisager les différentes options pour obtenir, par la négociation, la libération d'un otage.

Dans le cas qui nous intéresse, une Française vivant en Amérique du Sud a été enlevée par un groupe criminel comme il y en a de nombreux dans la région. Âgée de soixante-quinze ans, vivant seule dans ce pays et avec peu de ressources, elle représente malgré tout une valeur marchande pour ces criminels. Le terme peut choquer, mais c'est ainsi qu'ils envisagent leurs victimes. Rentable ou pas. Dans ce cas précis, cette femme âgée n'a pourtant pas des ressources à la hauteur des revendications des kidnappeurs.

Il a été envisagé de nous envoyer sur place pour traiter en direct l'enlèvement ; finalement cette solution n'a pas été retenue et nous avons donc activé nos PC de crise dans nos unités respectives, à Bièvres pour le RAID, et à la caserne de Satory pour le GIGN.

Les premiers éléments en notre possession nous font comprendre que cet enlèvement est d'une complexité absolue. Premièrement, nous allons devoir mener une négociation à distance avec des fuseaux horaires différents et dans une langue étrangère.

Sommes-nous en capacité de mener cette négociation en direct dans une langue étrangère ? Cette option n'étant pas envisageable, nous devons nous résoudre à employer ce qui est généralement déconseillé, un TPI (Third Party Intermediary), autrement dit un intermédiaire.

L'intermédiaire en question n'est ni plus ni moins que la nouvelle épouse de l'ex-mari de l'otage. C'est en effet ce dernier qui a été contacté par les ravisseurs et c'est sa nouvelle épouse qui, pour des raisons linguistiques, a pris le combiné et engagé le premier contact avec les criminels.

Nous nous sommes donc résolus à ce que ce soit elle qui engage la négociation avec les kidnappeurs en suivant scrupuleusement notre stratégie et nos protocoles. Pour des raisons de sécurité, un policier français en poste à l'ambassade de France dans le pays doit rester auprès de cette famille pour vérifier la teneur des échanges et donner si besoin des recommandations en direct.

Le deuxième point de complexité est la faible confiance que nous accordons à la police locale connue pour être corrompue. Par conséquent nous allons devoir limiter nos échanges avec eux.

La troisième difficulté réside dans le fait que les ravisseurs ont tenté de contacter les enfants de la victime via les réseaux sociaux. Heureusement nous en avons été informés et avons mis en place des moyens techniques pour que cela ne se reproduise plus. Il n'est pas question qu'une négociation parallèle s'engage directement avec les enfants pour d'évidentes raisons psychologiques et de proximité avec la victime.

Nous avons convenablement identifié et maîtrisé ces contraintes pour pouvoir nous consacrer à notre stratégie de libération de l'otage. Notre mandat est parfaitement clair et les risques, identifiés : nous savons que deux otages sur dix sont tués même une fois la rançon payée.

Pour des raisons de confidentialité, je ne vais pas décrire le cheminement technique, mais sachez qu'au départ 100 000 dollars ont été exigés. La famille est dans l'incapacité de réunir cette somme, il nous faut donc négocier le prix d'une vie. Les ravisseurs jouent avec nos nerfs en disparaissant après nos messages pendant vingt-quatre voire quarante-huit heures. Imaginez ce que vingt-quatre ou quarante-huit heures de captivité en plus laissent comme stigmates dans l'esprit d'un otage, qui plus est dans celui d'une personne âgée dont on sait, grâce à une vidéo qui nous est parvenue, qu'elle est retenue dans la jungle.

Après une semaine nous réussissons pourtant à réduire leur exigence à quelques milliers de dollars.

Cette somme peut être payée et nous envisageons de donner notre accord, mais avant il nous faut aviser la police locale afin qu'elle prévoie de sécuriser les personnes qui vont la remettre. Pas question de risquer un deuxième kidnapping. Alors que nous évoquons les modalités, une question nous est posée : à combien s'élève la rançon ? Lorsque notre interlocuteur apprend ce montant qui est dérisoire au regard d'une vie humaine, un long silence s'installe puis il nous dit :

– Notre pays est en proie à une grave crise économique, ce montant pour nous est considérable. Si vous payez cette rançon, je peux vous assurer que demain d'autres Français seront enlevés !

Nous n'avions pas de catalogue des prix des otages, mais nous savions que ce montant correspondait à celui généralement demandé dans ces pays d'Amérique du Sud. Nous venions de commettre une erreur, en négligeant la faillite dans laquelle le pays se trouve : l'inflation a augmenté de plusieurs milliers de pour cent. Nous devons savoir quel est selon eux le prix de cette personne. À cette question, notre interlocuteur affirme :

– Certes elle est française, mais elle vit chez nous depuis trente ans, elle est âgée, ceux qui l'ont enlevée savent qu'elle n'a pas de ressources, par conséquent il faut la considérer comme un otage local. Son prix sur le marché du kidnapping chez nous est de quelques centaines de dollars, pas plus.

Il nous formule tout cela de manière froide, technique et détachée. La vie humaine dans son pays n'a pas le même prix que dans nos sociétés occidentales.

Cette conversation sonne comme un coup de massue. Faut-il accepter cette offre et prendre le risque de voir d'autres ressortissants français enlevés, ou refuser et proposer ces quelques centaines de dollars ? La décision est prise conjointement avec les acteurs de la cellule de crise du Quai d'Orsay et l'ambassadeur sur la base de nos conseils. Nous avons jugé au regard des contacts établis avec les ravisseurs que nous pouvions demander de réduire leur demande, mais de là à passer de plusieurs milliers de dollars à quelques centaines, c'est une tout autre affaire.

Pourtant cette solution est retenue.

Au bout de deux jours, notre correspondant français nous appelle pour nous informer que les ravisseurs acceptent l'offre. Il faut à présent caler la remise de la rançon.

La police locale avisée, notre crainte est que cette dernière privilégie l'interpellation des kidnappeurs à la libération de l'otage. Nos diplomates effectuent alors un excellent travail en rappelant au plus haut niveau que notre priorité absolue est de récupérer notre otage vivante.

Une fois la rançon remise, il nous faut attendre encore vingt-quatre heures pour qu'enfin un appel nous parvienne : notre ressortissante a été retrouvée au bord d'une route dans un endroit très isolé du pays. Affaiblie et déshydratée, elle est malgré tout en bonne santé et vient d'être prise en charge. Elle est libre et en sécurité. Quelques jours plus tard, elle atterrit à Paris et elle est accueillie par des officiels français. Ni le RAID ni le GIGN ne sont présents, c'est la règle. Nous n'avons pas le droit de prendre attache avec ces ex-otages pour des raisons de confidentialité et psychologiques. Pour être efficace lors de nos prochaines missions, nous devons nous protéger.

Ce que j'ai appris

Dans ce cas extrême, j'ai retenu qu'il faut toujours **s'accorder au préalable sur ce qui est négociable et ce qui ne l'est pas**. Ce qui a été négociable : nos échanges avec les ravisseurs pour réduire le montant de la rançon que la famille ne pouvait pas payer. Ce qui a été un peu négociable : l'intervention de la nouvelle épouse de l'ex-mari. Ce qui n'aurait pas été négociable : engager une négociation avec les criminels sans avoir une preuve de vie.

Il faut également **prendre en compte les éléments extérieurs** (dans cet exemple, les policiers corruptibles, le contexte économique du pays, la famille, la langue et les codes culturels différents), qui en dépit d'une bonne stratégie de négociation auraient pu tout faire capoter.

Enfin la pression psychologique est énorme dans ce cas de figure, et il fallait se garder d'écouter ses émotions. Heureusement il y avait la force du groupe ; cette force a été d'autant plus importante qu'elle a permis de « diluer » le niveau de responsabilité. Pouvoir prendre des décisions de cette nature en groupe est précieux pour votre équilibre. Honnêtement, je ne sais pas si j'aurais été capable de les prendre seul. Chaque décision a été prise en conscience en mesurant toutes les conséquences. À aucun moment nous n'avons oublié que nous parlions de la vie d'un être humain.

Pour être performants, nous avons dû **atténuer nos émotions** pour nous concentrer sur la dimension technique de résolution de cette crise et nous avons bien fait. Les répercussions auraient pu être encore plus graves – si c'est possible – que la vie d'une personne, puisque le dilemme s'est posé de risquer la vie d'une personne pour en préserver plusieurs.

Il ne faut pas s'arc-bouter sur sa propre stratégie, il est donc essentiel d'écouter les attentes de l'autre. Il convient de **définir nos objectifs, nos contraintes et de chercher à comprendre ceux de l'autre, ainsi que ses intérêts.** Dès lors, on pourra établir un compromis, et se trouver face à quelqu'un qui a autant que soi envie d'avancer.

J'ai également compris qu'il ne fallait jamais aller trop vite dans une négociation de crise et il en va de même en entreprise. Il faut respecter **la notion de temporalité.** Par exemple, si vous souhaitez obtenir une augmentation salariale, ne vous présentez pas dans le bureau de la DRH en disant « voilà, je souhaite être augmenté de 8 % », le risque étant que la RH vous réponde « très bien, c'est accordé ». Cette victoire trop rapide aura un effet inverse à celui espéré : elle va générer de la frustration, car le moment de satisfaction passé, vous allez bien entendu vous dire « j'aurais dû demander davantage ». Vous vous retrouverez démuni, avec cette sensation d'être allé trop vite, sans qu'aucune négociation ait vraiment eu lieu. La temporalité est essentielle, la négociation est une succession d'étapes que vous devez franchir. Même si votre interlocuteur semble être dans de bonnes dispositions, n'allez pas trop vite et soyez toujours flexible pour être en mesure de **vous adapter** à de nouvelles contraintes.

C'est à vous

« La négociation ce n'est pas gagnant/gagnant, c'est donnant/donnant. »

Ne partez pas en négociation en vous disant que vos arguments sont irréfutables et que vous détenez la vérité.

Cette stratégie est vouée à l'échec. D'ailleurs ne dit-on pas généralement « je vais essayer de le convaincre » ? « Convaincre », étymologiquement, c'est « **vaincre avec** », en l'occurrence avec des arguments. Convaincre, c'est imposer sa volonté et sa perception unique des choses. N'oubliez jamais que votre interlocuteur n'a peut-être pas les mêmes intérêts que vous.

L'unique stratégie pour obtenir un accord est dans un premier temps de **comprendre l'autre**, et c'est seulement quand on comprend l'autre qu'on peut rechercher un compromis. Il faut passer du gagnant-gagnant au donnant-donnant pour parvenir à un accord.

Le deuxième point est de ne jamais oublier que nous sommes 100 % responsables de 50 % de notre relation à l'autre. Cela veut tout simplement dire que votre interlocuteur dispose de sa part de responsabilité et de son libre arbitre ; il est responsable lui aussi à hauteur de 50 % de la relation.

Il faut partir du postulat qu'un échec en négociation est toujours possible en dépit de vos qualités d'écoute, de planification et de stratégie, si face à vous vous avez quelqu'un qui ne s'inscrit pas lui aussi dans une démarche de compromis. **Sans compromis, pas d'accord.**

Les erreurs à éviter :

* Aller trop vite dans la négociation.
* Ne pas respecter son mandat.
* Mandater la mauvaise personne.
* Appliquer la même technique de façon récurrente.
* Vous laisser absorber par vos émotions.
* Ne pas être en mesure de les maîtriser.
* Chercher à tout prix à convaincre quand il faut comprendre.

4

La prise de contact

La prise de contact est ce qui va conditionner toute forme de négociation et le bon déroulement de tout rendez-vous professionnel. Elle représente la phase de démarrage, l'amorce des échanges commerciaux. C'est une phase critique et déterminante, elle conditionne la réalisation des étapes suivantes de la négociation. Dans une vente par exemple, **la prise de contact conditionne à 80 % les chances de réussite d'une vente** et se joue dans les vingt premières secondes. Vous n'aurez que rarement une deuxième chance de faire bonne impression. Une prise de contact, c'est d'abord un échange, à deux. Lorsque vous invitez un client à s'exprimer, il est important d'être à l'écoute de ce qu'il dit et de prendre le temps de le comprendre. C'est pour cela qu'il n'est pas grave de lui faire répéter une ou deux fois si vous n'êtes pas sûr d'avoir bien compris.

Dans le cadre de mon travail d'officier de liaison en matière de lutte contre le terrorisme, mes homologues britanniques m'ont offert l'opportunité de participer à une formation qu'à ce jour je pense être le seul à avoir suivie, une formation de recrutement de sources afin qu'elles m'apportent des renseignements de nature à m'aider dans la lutte contre le terrorisme. Et à établir avec brio les prises de contact.

En France, bien qu'on s'en défende, nous mettons de l'affect dans la gestion des sources humaines (dans les services de renseignements, on parle de « source », quand on parle de « tonton » dans la police judiciaire), c'est probablement notre côté latin. Au Royaume-Uni, c'est beaucoup plus technique et froid. On suit un protocole bien établi, on le respecte et on debriefe avec un responsable. Aucune part n'est laissée à l'improvisation. On gagne en technicité ce qu'on perd en relationnel. L'intérêt est justement de se préserver. Au cours de ma carrière, j'ai rencontré des collègues qui entretenaient des liens de proximité trop proches avec leurs tontons – leurs informateurs. Dans ces cas-là, on peut rapidement déraper. Il convient d'être toujours sur ses gardes et **la prise de contact est là pour poser les bases de la relation qu'on engage.**

L'histoire

L'homme du grand hôtel

Une journée comme les autres dans mon bureau de Scotland Yard rythmée par cette pluie londonienne qui ne cesse de tomber en ce début d'hiver. Je suis sur mes rapports quand un collègue britannique s'annonce à mon bureau pour me demander si j'ai le temps de recevoir un collègue qui souhaite échanger avec moi.

– Bien sûr, avec plaisir, qu'il entre !

Il s'agit d'un membre de l'unité de contre-terrorisme qui sait que j'ai été formé en gestion et manipulation des sources.

Il va droit au but.

– Nous faisons actuellement une campagne de recrutement de sources et un profil nous interpelle. C'est pourquoi nous sommes convenus de le rencontrer. Il s'agit d'un individu qui est apparu dans les radars des services de lutte contre le terrorisme. Ce type est au contact d'individus radicalisés, mais à ce stade, contrairement à certaines de ses connaissances, rien ne peut lui être reproché. Si nous le recrutons maintenant il pourrait devenir un agent précieux pour nous. Nous souhaitons te solliciter car il est maghrébin et parle surtout français. Comme tu as fait le stage, que tu disposes du niveau d'accréditation et que tu es français, acceptes-tu de participer à ce recrutement avec nous ?

Évidemment l'idée de vivre pareille expérience m'électrise, et pourtant je me contente d'un « oui, pourquoi pas, mais j'ai besoin d'avoir davantage de détails ».

Il ne s'agit pas pour moi de mener le recrutement, mais d'y assister en étant présenté comme interprète et d'apporter mes connaissances linguistiques si besoin est.

Rendez-vous est pris quelques jours plus tard, toujours dans les locaux de Scotland Yard. Un homme que je n'ai jamais vu auparavant dans les locaux de la division antiterroriste se présente à moi et me dit qu'il sera en charge avec son équipe de notre sécurité. Il est le seul que je vois, il considère que je n'ai pas à connaître les autres.

Je vais accompagner deux policiers britanniques qui me briefent sur notre cible et sur le déroulement de l'entretien. Je suis impressionné par la façon dont ils abordent la rencontre, tout est calé ou presque, ils connaissent les questions à poser et rien n'est laissé au hasard. Je note qu'ils sont deux, comme plus tard dans mon rôle de négociateur nous serons toujours deux.

Le deuxième point qui m'interpelle est le fait qu'ils insistent, et à l'époque j'aurais dit « lourdement », sur la prise de contact. Ils répètent devant moi la manière dont ils vont se présenter, et comment ils vont me présenter. Il faut que je sourie, que ma poignée de main soit ferme et accompagnée d'un regard franc. Je me souviens encore de l'expression qu'ils ont employée : « Souris avec tes yeux, il faut qu'il se sente en confiance. » Enfin, avant de nous rendre à l'hôtel où va se dérouler le rendez-vous, ils se font face et se regardent. Ils vérifient leurs vêtements. Pas question qu'une cravate soit mal ajustée ou qu'un détail vestimentaire ruine l'entretien.

Nous arrivons dans cet hôtel londonien où se mêlent touristes et hommes d'affaires. Notre homme arrive, il cherche mes deux acolytes des yeux. L'un des deux policiers se lève et d'un sourire lui fait signe de nous rejoindre. Ce policier est d'origine pakistanaise et c'est lui qui va mener l'entretien. Notre cible porte un sac à dos sur l'épaule, il le pose à ses pieds pour débuter la rencontre. Je m'efforce de rester calme et de respecter les consignes de mes homologues britanniques, mais ce sac me met mal à l'aise.

Le policier commence par échanger quelques phrases de politesse en arabe, puis l'entretien se déroule en anglais. J'ai l'impression de voir se jouer une partition, c'est fluide et je ne sens aucune hésitation. Je constate que mes homologues ont anticipé les questions que pose notre interlocuteur. Un policier est chargé de l'entretien pendant que l'autre observe.

Formé aux techniques de manipulation, je vois que la stratégie employée par mes homologues britanniques est axée sur l'idéologie et l'ego. Le policier de confession musulmane met en avant les nombreux points communs qu'ils ont. Notre cible est arrivée à Londres il y a peu, le policier raconte alors des bribes de l'histoire de ses propres parents qui ont quitté le Pakistan.

Les références à l'islam sont nombreuses, notre policier insiste sur sa volonté de trouver des correspondants qui vont œuvrer à créer du lien entre les communautés britanniques et promouvoir la religion comme un facteur de paix. Ce point suscite l'approbation de notre cible. Puis mon homologue concentre sa stratégie de recrutement sur l'ego.

Il insiste sur le fait que notre interlocuteur a été choisi car on a détecté chez lui des valeurs de loyauté, de confiance et on pense qu'il pourrait être un acteur majeur pour mieux nous aider à comprendre la communauté musulmane, ses enjeux mais aussi ses craintes. L'homme semble séduit, il est attentif.

L'entretien s'achève au bout d'une petite heure. Je ne participerai pas aux suivants, mais j'apprendrai que le recrutement a fonctionné.

Ce que j'ai appris

La prise de contact est une étape essentielle. Je suis convaincu que dans ce cas précis, c'est la qualité de celle-ci qui a conditionné le reste de l'entretien.

L'objectif était de créer les conditions pour établir un **climat de confiance**. Je retiens **l'accueil avec le sourire** dans une attitude que je qualifierais d'ouverte. Tout était fait pour que cette personne se sente bien. L'environnement, un hôtel luxueux, était par nature moins anxiogène qu'un bureau de police et la présence de la clientèle lui assurait la possibilité de quitter l'entretien quand il le voulait, il n'y avait pas de sentiment de rétention.

L'assurance de mes homologues britanniques dans leurs réponses a été remarquable. En fait, ils avaient travaillé cette étape en amont. Ils avaient **anticipé les questions** qui allaient leur être posées et avaient **appris par cœur les réponses** à apporter. Ainsi, ils ne pouvaient pas être pris au dépourvu par une question déstabilisante dès le début de l'entretien. Bafouiller, chercher ses mots sont autant de points dévalorisants qui donnent à votre interlocuteur le sentiment que vous ne maîtrisez pas votre sujet. En réponse, il pourrait adopter une position haute, c'est-à-dire qu'il prendrait un ascendant psychologique sur vous, impactant la suite de l'entretien.

Par conséquent, il faut trouver un **équilibre**, ne pas commencer un entretien sur une position haute, votre interlocuteur pourrait réagir négativement, et *a contrario* ne pas être sur une position basse qui pourrait permettre à votre interlocuteur de prendre le dessus sur vous. Il faut donc adopter le bon ton en montrant de la confiance en soi et dans vos propos sans faire preuve d'arrogance. Cet exercice est probablement plus compliqué qu'il n'y paraît.

C'est à vous

Enseignée par le FBI, la technique du « ***bunch of five*** » consiste à préparer cinq réponses types à des questions qu'on sait par avance qu'elles vont nous être posées et à les apprendre par cœur. Le « ***bunch of five*** » peut paraître un peu simpliste, mais c'est ce qu'utilisent les groupes d'intervention lors de la prise de contact avec des preneurs d'otages. Il est d'une grande efficacité et est parfaitement transposable dans un contexte professionnel. Une autre technique est celle des **biais cognitifs** que j'ai évoqués précédemment et qui vous permettent de prendre une décision très rapidement. Si le biais cognitif est un schéma de pensée trompeur et faussement logique, cette forme de pensée permet à l'individu de porter un jugement, ou de prendre une décision rapidement. Ainsi, les **biais cognitifs (ceux de jugement) influencent nos choix**, en particulier lorsqu'il faut gérer une quantité d'informations importantes ou que le temps est limité ; ils sont des raccourcis pour nous donner un sentiment favorable ou défavorable d'une personne simplement en la voyant. Le plus significatif est l'**effet de halo**, cette influence positive ou négative ressentie qui implique un jugement au premier regard selon un attribut physique ou un comportement. Ainsi, si notre première impression est positive à l'égard d'un interlocuteur, nous aurons tendance à interpréter favorablement ses actions. En revanche, si elle est défavorable, il y a fort à parier que nous aurons tendance à interpréter négativement ses actes.

Exemple : une entreprise cherche à recruter pour un poste. La personne responsable de l'embauche rencontre deux candidats présentant tous deux un curriculum vitae intéressant ; avant de les recevoir l'un après l'autre, elle les observe assis côte à côte et trouve l'un d'eux plus avenant que le second. Il est d'un abord plus jovial, plus séduisant, ce qui suscite une première impression positive. Ce sentiment positif est ensuite généralisé aux autres caractéristiques du candidat, telles que sa compétence. La personne séduisante est donc perçue comme plus intelligente, plus responsable et mieux qualifiée en raison de l'effet de halo. Le candidat séduisant a donc de meilleures chances d'être recruté. Ce qui peut être injuste, j'en conviens.

L'apparence et la bonne présentation sont donc capitales dans une prise de contact ; de même, la parole est essentielle. **Choisissez les bons mots** car se met en place un **effet de primauté** qui rend plus vivace le souvenir d'éléments obtenus lors d'une première impression par rapport aux éléments suivants.

La règle des dix premiers mots

Les dix premiers mots que vous prononcez sont décisifs dans l'image que se fait l'autre de vous ; ces dix mots vont impacter la suite de la négociation. Si cette prise de contact échoue, des rapports déséquilibrés vont s'instaurer et une brèche s'ouvrir, car l'on sait bien que l'être humain va chercher des failles dans lesquelles il va pouvoir s'engouffrer, et ainsi entrer dans un rapport de force préjudiciable.

Face au miroir

* Entraînez-vous face à un miroir ou, mieux, face à quelqu'un de votre connaissance.
* Soyez souriant, chaleureux.
* Regardez bien votre interlocuteur dans les yeux.
* Soyez congruent, c'est-à-dire mettez en adéquation vos mots et votre attitude. Si vous prononcez des paroles chaleureuses en arborant un visage fermé, le message ne passera pas.
* Retenez cette expression : « sourire avec les yeux ».

5

Établir la connexion

Cette étape du cercle vertueux est probablement la plus technique et va demander le plus d'efforts, car il va falloir… écouter. Si vous voulez comprendre votre interlocuteur, comprendre ce que sont ses enjeux et sa stratégie, vous devrez vous armer de patience et surtout écouter ce qu'il a à vous dire. On entre dans la phase de **compréhension des attentes de l'autre**, de la pratique de l'écoute active qui vous invite à saisir chaque détail du message, verbal ou non, de la personne qui communique avec vous. Cela permet de lui faire savoir que votre attention se focalise sur elle et que vous avez entendu et compris son message. Cette capacité d'écoute vous projette dans l'univers de l'interlocuteur et permet d'établir vraiment la connexion avec lui. Ce n'est que lorsque cette connexion sera faite que l'on pourra développer sa stratégie. La connexion à l'autre se caractérise par une succession d'étapes à franchir.

Dans un premier temps, il vous faut écouter votre interlocuteur sans l'interrompre, surtout si ce dernier a des choses à vous reprocher – ce qu'on appelle la **ventilation.** On va donc le laisser « ventiler » son trop-plein d'émotions, puis quand il va commencer à poser des questions, on ira le chercher en pratiquant l'**écoute active.** Cette technique commerciale a été créée par le psychologue américain Carl Rogers et consiste à questionner pour encourager votre interlocuteur à se livrer. Pour ce faire, on va utiliser les paraphrases, la reformulation, mais aussi les silences, on va privilégier des tournures telles que « je ressens ceci en vous » plutôt que « je comprends votre colère, frustration, etc. ». **Poser des questions ouvertes, résumer ce que l'on a compris.** Le but est de montrer que vous portez de l'intérêt à votre interlocuteur, tout en ayant la possibilité de collecter de l'information utile dans le déroulé de votre stratégie. Vous pouvez vous être trompé sur ses motivations, lesquelles peuvent être différentes des vôtres.

J'aime prendre pour exemple la police de New York, qui est la première à avoir créé une unité de négociateurs. Leur slogan résume **l'essence de la négociation : « Parle-moi. »**

L'histoire

Le jeune homme à la kalach

Après une dispute, un jeune homme connu de la justice pour des violences sur sa petite amie est retranché chez lui avec un fusil d'assaut et retient sa compagne contre son gré dans sa maison. Le RAID est appelé pour régler la situation. Lorsque nous arrivons sur place, la police a déjà établi un cordon de sécurité, la maison est encerclée et le secteur bloqué. C'est la mère du forcené qui a prévenu la police. Elle est parvenue à sortir du domicile et nous attend, en sécurité, à proximité. Elle est terrorisée, son garçon a des accès de violence de plus en plus fréquents et intenses. Elle est très inquiète car cette fois-ci la petite amie de son fils est présente au domicile. Il l'a empêchée de sortir et, toujours selon sa mère, il dispose d'une kalachnikov dans sa chambre. Les informations qu'elle nous donne sont confuses et imprécises. Avons-nous affaire à un individu en crise, mais qui ne menace pas sa petite amie, ou bien sommes-nous face à un preneur d'otage armé d'une arme de guerre ? Depuis que la police est sur place le silence règne et il ne s'est pas exprimé, ni à haute voix ni par téléphone.

L'intervention est risquée, mais aucun coup de feu n'a été entendu. Avant de partir en intervention, nous sommes convenus que je ne serais pas le négociateur n° 1, directement au contact, mais le négociateur n° 2, chargé d'analyser la situation.

Les rôles étant bien répartis, mon collègue établit assez rapidement le contact. Il pose trois questions essentielles avant que la négociation ne s'engage. Comment va sa petite amie ? Peut-il nous assurer qu'elle n'est pas en danger ? Est-ce qu'elle peut sortir ?

Ses réponses sont claires : elle va bien, elle est dans sa chambre, elle va y rester et elle ne sortira pas. Il ajoute que lui est au bout du rouleau, qu'il a son arme à la main et qu'il interdit à quiconque de tenter de rentrer. Ces premières informations sont extrêmement utiles pour nous. L'individu commence à se défouler verbalement dans une phase d'agressivité où il profère une pluie d'insultes ; le négociateur ne l'interrompt pas, il ne répond à aucune de ces provocations. Nous sommes dans la première phase de ventilation durant laquelle la personne évacue son trop-plein d'émotions. L'homme ne souffre d'aucune pathologie mentale, il est juste au pic d'une crise d'accès de violence ; il faut faire en sorte que le ton s'apaise progressivement avant de tenter quoi que ce soit. Pour le moment, hors de question de l'interrompre, cela ne servirait à rien.

La négociation se poursuit jusqu'au moment où l'on va proposer qu'il se rende. Ce moment est évidemment sensible, car s'il refuse il faudra probablement reprendre un certain nombre d'étapes. Mon collègue du RAID arrive à lui faire entendre que nous sommes là pour l'aider, pour trouver une solution avec lui. Le ton du forcené se fait à présent moins véhément. Il se calme.

Par expérience, nous savons que nous allons entrer seulement maintenant dans la vraie phase de négociation. Le preneur d'otage se confie de plus en plus, il se met à parler de sa petite amie : cette dernière lui aurait annoncé être enceinte avant de démentir quelque temps après, provoquant chez lui une vive déception. Il dit qu'il se sent comme un jouet pour elle, il finit par se présenter comme une victime amoureuse. Je veille à ce que mon collègue demeure dans le registre de l'empathie et ne bascule pas dans celui de la sympathie. À aucun moment il ne s'aventure sur des questions relevant des relations que le forcené entretient avec sa compagne. Il ne faut surtout pas aller dans cette direction. Jusqu'à présent elle semble préservée en restant recluse dans la chambre alors que lui est dans le salon. Et bien qu'elle ne puisse pas sortir, jamais il n'a indiqué qu'elle est son otage et qu'il peut lui faire du mal. Une situation certes ambiguë, mais on traite cette crise davantage comme celle d'un forcené et non celle d'un preneur d'otage. Nous faisons ce choix stratégique au regard de ce qu'il nous dit, mais nous savons que tout cela est fragile.

L'équipe d'assaut est prête à intervenir à tout moment. De temps à autre, je les vois derrière leurs boucliers. Je connais leur état d'esprit à cet instant précis. Ils s'entraînent à longueur d'année pour intervenir. Leur ADN, c'est l'action. Ils respectent notre travail de négociateurs, mais ils se verraient bien intervenir. J'ai été l'un d'entre eux pendant dix ans, je les comprends, mais aujourd'hui je suis avec mon équipe pour négocier et résoudre cette crise par la voix de mon camarade engagé.

C'est un grand professionnel, je vois les étapes se succéder. À présent qu'il a collecté de l'information, je vois évoluer sa stratégie par rapport à ce qui avait été évoqué ensemble avant d'intervenir. Il ne commet pas l'erreur de suivre son plan sans prendre en compte ce qu'il a entendu et les remarques que je lui fais au fil de la négociation. Remarques que je lui écris sur une ardoise ou des Post-it que je lui colle sur le bras. Je suis la négociation en même temps que lui, mais c'est lui, par sa parole, qui est au contact direct. On est à présent loin du forcené avec une kalachnikov. Il se présente à nous comme une victime et, il faut en convenir, sa vie est loin d'avoir été simple. Il faut cependant être très vigilants, si nous sommes là c'est précisément parce qu'il retient quelqu'un avec une arme de guerre. Je vois progresser le négociateur dans le bon sens jusqu'au moment où il lui expose le protocole de reddition.

Tout dans sa voix, le ton, le débit, le volume sonore et les mots employés, est fait pour l'apaiser. Il faut le rassurer sur cette dernière étape et sur le fait qu'il ne risque rien s'il se rend. Finalement, au bout de deux heures, le forcené ouvre la porte derrière laquelle mon collègue menait ses négociations. Il respecte scrupuleusement les consignes qui lui ont été données. Il se laisse interpeller sans opposer aucune résistance. On retrouve son arme dans le salon. Il aurait pu perpétrer un massacre. Le sang n'a pas coulé et la mission est remplie.

Ce que j'ai appris

Cette négociation, en dépit de sa dangerosité, s'est parfaitement bien déroulée. On a retrouvé tous les éléments d'une négociation de crise. Un individu menaçant dépassé par ses émotions, qui exprime les raisons de sa colère, de son mal-être. Dans cette phase, il n'est pas question de l'interrompre, et de toute façon il n'est pas en mesure de nous écouter. Dans un deuxième temps, il commence à réaliser qu'il a un interlocuteur. On est toujours sur le registre de la colère mais il commence à poser quelques questions. Il faut saisir cette opportunité pour montrer que nous sommes là pour l'aider. Grâce à l'**écoute active** on parvient à mieux cerner sa personnalité et mieux comprendre ce qui l'a amené dans cet état. Généralement, c'est un événement qui s'est passé dans les dernières vingt-quatre ou quarante-huit heures.

Cette phase d'écoute active permet de le voir redescendre en tension et s'apaiser un peu. Il faut bien observer cette phase et le moment où, entre le négociateur et le forcené, va se créer non pas de la confiance mais une harmonisation. On appelle ça la **synchronisation** dans la voix, dans les gestes, le ton et le volume sonore. C'est un peu comme si les curseurs des deux parties se retrouvaient au même niveau. À partir du moment où enfin il y a synchronisation, on peut évoquer la mise en place du protocole de reddition pour que la crise s'achève dans de bonnes conditions et que personne ne soit en danger.

Le forcené a beau être l'auteur de cette situation, vient un moment où il ressentira de la peur, de l'anxiété par rapport à ce qui va se passer pour lui. Il faut alors le rassurer en respectant un mot d'ordre essentiel en négociation : **on ne ment pas.** Ce dernier point se retrouve dans le monde de l'entreprise, car si vous mentez à votre interlocuteur, non seulement c'est d'un point de vue éthique très moyen, mais vous pouvez dire adieu à la pérennité de votre relation business avec lui, et c'est compter sans l'image qu'il donnera de vous à des clients potentiels.

N'engagez pas votre réputation par des mensonges pour conclure une négociation.

C'est à vous

Cette technique est facilement applicable dans l'entreprise, au cours des négociations que vous allez mener, mais aussi dans les ressources humaines et dans votre sphère privée.

Dans votre relation à autrui, **soyez attentif à l'autre**, « écoutez-le » : quelqu'un qui sait écouter va être capable d'absorber plus d'informations.

Dans la relation au travail, si vous devez faire face à un interlocuteur en souffrance ou en difficulté professionnelle, là encore, laissez-le parler. Veillez à toujours utiliser des questions ouvertes, pour ramener l'autre à soi et conduire à la synchronisation. Le non-verbal est également essentiel dans cette phase ; au moment de « la crise », l'autre aura tendance à parler plus fort et vous, vous vous appliquerez à parler plus bas pour rabaisser le curseur au même niveau ;

vous devez aussi observer sa gestuelle et adapter la vôtre à la sienne, ainsi l'interlocuteur sera prêt à écouter et vous serez synchronisés pour enfin dérouler ensemble une stratégie qui vous amènera l'un et l'autre à trouver la solution.

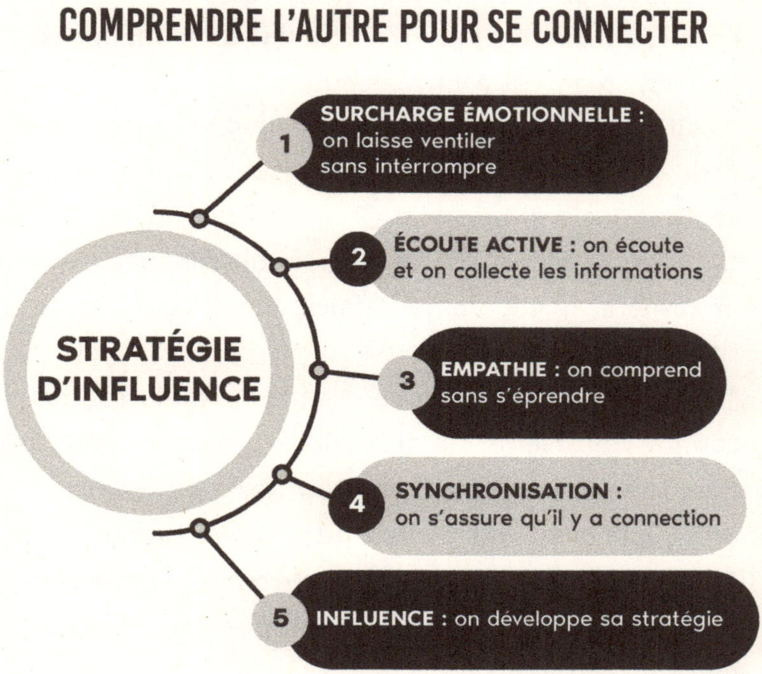

La ligne de conduite

Les erreurs à éviter

* Ne semblez pas accusatoire, évitez de dire, par exemple : « Pourquoi avez-vous fait ça ? » Préférez : « Pouvez-vous m'en dire plus sur ce qui s'est passé ? »
* Ne soyez pas trop intrusif : ne dites pas « dites-moi ce qui s'est passé » mais plutôt « si vous souhaitez en parler, je me tiens à votre écoute ».
* Évitez les présomptions telles que « je sais ce que vous ressentez », optez pour : « Comment vous sentez-vous par rapport à… ? »
* Évitez le paternalisme « mon ou ma pauvre » et préférez : « Comment faites-vous face à cette situation ? »
* Bannissez de manière générale tous les mots négatifs comme « problème », « difficultés », « conflits ». Idem pour le « pourquoi ? » : vous pourriez avoir en retour un « parce que » qui clôturerait la conversation.
* Ne le jugez pas. Attention au « oui mais… » qui induit de la confrontation ; ne l'interrompez pas, laissez-le développer son idée.

Au contraire

* Soyez empathique et évitez le « à votre place, je… » : vous n'êtes pas à sa place, et vous ne pouvez pas comprendre tous vos interlocuteurs ; préférez

« je ressens de la colère, de la tristesse » plutôt que « je comprends votre colère, votre tristesse ».
* Quand votre interlocuteur vous demande un conseil, répondez par : « Puis-je vous suggérer… ? »
* Utilisez le silence pour qu'il vous en dise plus. Le silence est un outil puissant, mais ponctuez-le par des « hum-hum », des « oui » ou « O.K. » ; ainsi vous montrez que vous suivez bien ce que votre interlocuteur dit.
* Dans la relation au travail, si vous devez faire face à un interlocuteur en souffrance ou en difficulté professionnelle, là encore, laissez-le parler et respectez les mêmes étapes. Veillez à toujours utiliser des questions ouvertes, pour ramener l'autre à soi et conduire à la synchronisation.
* Écoutez avec votre corps : souriez, regardez votre interlocuteur dans les yeux, ne soyez pas figé, montrez par votre posture que vous lui portez de l'attention.
* Montrez à partir de vos réponses que vous essayez de comprendre sa perspective. Utilisez les formules telles que « si j'ai bien compris… » qui permettent à votre interlocuteur de voir que vous l'écoutez et le comprenez. Si besoin, il corrigera les malentendus.
* Soyez calme et mesuré dans vos propos et votre attitude.

6

Savoir conclure

Malgré son intitulé, cette étape n'est pas la dernière. Mais elle permet de s'assurer que tout est clair, que toutes les parties en présence ont bien **saisi les enjeux** de la réunion ou de la négociation, que **tout est bien compris et surtout de la même façon par tous.** Condition indispensable pour pouvoir mieux préparer l'avenir. Elle est très simple mais trop souvent bâclée, voire oubliée. Ne pas vérifier que l'on est sur la même longueur d'onde peut créer des malentendus pour la suite des entretiens ou de la négociation. J'aime l'expression anglaise « *to be on the same page* », littéralement « être sur la même page ». Cette nécessité de clarification est encore plus évidente lorsque l'on s'exprime dans une langue qui n'est pas la nôtre, je pense bien entendu à l'anglais, mondialisation oblige.

Une erreur de traduction peut ruiner un entretien. Je me souviens d'une réunion entre policiers de haut rang français qui s'étaient rendus à Macao pour monter une action de coopération dans la perspective des J.O. à Paris. Ils avaient proposé, grâce à un partenariat avec la principauté de Monaco, d'inviter ces policiers chinois à assister au Grand Prix de Monaco, de la phase préparatoire jusqu'au jour de la course. Nos interlocuteurs avaient semblé très intéressés, mais nous avaient questionnés sur la nature du niveau de coopération que nous avions avec le Maroc pour pouvoir parler en leur nom !

Leur interprète avait en effet confondu « Morocco » (Maroc) avec « Monaco ». L'erreur de traduction avait été relevée rapidement, mais nous aurions pu passer des heures à travailler sur ce projet si cela n'avait pas été le cas.

L'histoire

Désolé, il manque la police du Kent

Je suis officier de liaison à Londres, en charge de la lutte contre le terrorisme, et parmi mes attributions je dois accueillir des délégations françaises de haut niveau, et les assister lors de réunions avec leurs homologues britanniques. Au cours de l'une d'entre elles est évoquée la possibilité de monter un exercice majeur antiterroriste dans le tunnel sous la Manche. Il s'agit d'impliquer le RAID et les fameux SAS (Special Air Service, unité des forces spéciales britanniques) qui interviendraient en cas d'attaque terroriste dans le tunnel. Un exercice de cette nature n'a jamais été fait auparavant et Londres va accueillir les J.O. en 2012. C'est donc une opportunité.

Pour des raisons stratégiques, politiques et de coopération entre nos deux pays, il est décidé de simuler une attaque terroriste sous la Manche à la frontière précise entre nos deux pays.

Pour des raisons de confidentialité, je ne vais pas révéler les modalités de l'exercice, mais sa complexité nécessite une multitude de réunions préparatoires. Régulièrement des autorités françaises traversent la Manche pour participer à ces rencontres. À d'autres occasions, je suis seul et j'adresse des comptes rendus à mes autorités de tutelle.

Je retranscris précisément ce qui est évoqué – il s'agit d'un exercice majeur, il n'est pas question d'être approximatif. Pourtant, alors que les attendus étaient clairs, je me retrouve une première puis une seconde fois mis à défaut par mes homologues britanniques qui me disent que j'ai négligé un détail, que j'ai commis une erreur de traduction ou que, tous les participants n'étant pas présents, ce qui a été dit n'est pas officiellement validé.

Rapidement je comprends qu'il y a derrière tout ça des enjeux qui dépassent largement le niveau d'une simple coopération policière. On a beau parler d'un exercice antiterroriste, ce type de coopération dans un lieu aussi sensible est une première.

Les responsables français qui participent à ces réunions ne comprennent pas qu'entre ce qui leur avait paru clair et le retour que je leur fais, quelques jours plus tard, le message a changé. Ils commencent à douter de mon efficacité. Il faut que je trouve une solution pour leur montrer que le souci ne vient pas de moi, mais bien de nos homologues britanniques qui jouent avec nous pour des raisons que j'ignore.

Dès la troisième rencontre, je trouve la parade en demandant, à l'issue de chaque réunion en présence de tous les participants, de valider ce qui a été dit, ce qui a été fait, et de confirmer quelles sont les prochaines étapes.

Je vois que nos homologues britanniques ont compris que leur technique est mise à mal. J'apprends que la décision d'effectuer cet exercice a été prise côté britannique en négligeant plusieurs partenaires. Certains d'entre eux sont froissés, tergiversent et traînent des pieds. Je comprends que le problème n'est pas entre la France et le Royaume-Uni mais interne, entre participants anglais.

La police du Kent qui est compétente pour l'accès à l'Eurotunnel se sent insuffisamment considérée et, en mesure de rétorsion, ne participe pas à toutes les réunions. Je comprends qu'il faut l'aval de tous les participants pour valider l'exercice.

Pour ne pas perdre la face devant les Français, nos homologues anglais chargent l'officier de liaison que je suis en trouvant des prétextes fallacieux.

Je retrouve là les différences entre nos deux pays avec un pouvoir centralisé depuis Paris et un pouvoir décentralisé au Royaume-Uni. Pour exemple, nous nous plaignons parfois d'avoir deux forces de sécurité intérieure en France avec la police et la gendarmerie. Au Royaume-Uni, il y a quarante-cinq forces de police ; ce sont des polices territoriales avec à leur tête autant de chefs et potentiellement autant de conflits et d'ego différents.

Finalement l'exercice se déroule avec succès. C'est à l'issue de cette opération que je suis contacté par le chef du RAID de l'époque, Amaury de Hauteclocque, qui me demande de rejoindre son unité. Je serai amené ensuite à monter d'autres exercices majeurs parmi lesquels un exercice antiterroriste sur le parc Eurodisney et un autre, significatif, dans la centrale nucléaire du Tricastin.

C'est devenu depuis une habitude : je ne quitte plus une réunion sans avoir sollicité ou entendu un point de conclusion, histoire que tout le monde soit sur la même longueur d'onde.

Ce que j'ai appris

Après plusieurs réunions un peu désarmantes avec les services britanniques, j'ai compris que je ne pouvais plus quitter une salle de réunion sans être certain que tout est limpide et clair pour tous. Ainsi, je concluais toujours les concertations en annonçant : « Avant de conclure cette réunion, en tant qu'officier de liaison en charge de la lutte contre le terrorisme, et avant de rendre compte à mes autorités, je veux juste m'assurer que nous sommes tombés d'accord sur tel et tel point, et que la prochaine étape consistera à… »

Scolaire mais efficace !

C'est à vous

À la fin d'une négociation ou d'une réunion, assurez-vous que tout soit bien clair. N'hésitez pas à prendre la parole une dernière fois pour être certain que rien n'a été laissé de côté ; vous pouvez utiliser des formules telles que « je veux juste m'assurer d'un point… », « nous sommes tombés d'accord sur… », « est-ce là où nous voulions en venir ? ».

De même, il est préférable d'ouvrir vers la prochaine étape en exprimant ses attentes : « la prochaine fois, nous nous verrons donc à telle date, pour évoquer tels points, l'ordre du jour sera… », ou encore « pour vous, quelles sont les échéances et points qu'il reste à aborder ? ». Ainsi, les deux parties s'accordent sur le chemin fait ensemble, et sur les prochaines étapes à gravir.

L'idéal est d'avoir recours à un rapporteur qui rédige un compte rendu à destination de tous les participants. Si celui-ci peut, au moment de conclure la réunion, prendre la parole en abordant les points évoqués, les points à venir et les échéances, c'est un plus.

S'il vous revient de solliciter ce point de conclusion, respectez le timing, n'attendez pas que le responsable de la réunion remercie les participants, sinon vous courez le risque de voir une envolée de moineaux, entre ceux qui enchaînent avec une autre réunion et ceux qui ont un train ou un avion à prendre. Votre question sera couverte par le bruit des chaises et des agendas qui se ferment et par conséquent votre intervention sera inefficace.

Je vous recommande d'intervenir en amont, au moment où celui qui mène la réunion s'apprête à prendre la parole pour la conclure, en indiquant que vous souhaitez un point de conclusion.

Le plan d'action

Il peut se présenter sous la forme d'un tableau Excel et reprend précisément les points suivants :

*** ce qui a été dit ;**

*** ce qui a été fait ;**

*** ce qu'il reste à faire ;**

*** par qui ;**

*** sous quelle échéance.**

7

Le retour d'expérience

Le retour d'expérience consiste à **apprendre de son expérience**, qu'elle soit un échec ou une réussite, à **en tirer des leçons** et à **transmettre (restitution de son savoir-faire, par le partage des connaissances ou par la formation, par exemple)**.

Le retour d'expérience, aussi appelé **retex**, ou debriefing, s'aborde sous deux angles : une **dimension technique** « comment allons-nous nous améliorer » et une **dimension psychologique** « comment j'ai absorbé certaines émotions ». Il permet à la fois de comprendre ce qui a fonctionné, ce qui a moins fonctionné et ce qui potentiellement n'a pas fonctionné. Le retex a aussi pour vertu de permettre de se délester d'une **surcharge émotionnelle.**

Ainsi, le retour d'expérience se fait en deux temps : d'abord **à chaud**, dans la foulée de la négociation, de la situation de crise ou de la réunion importante ; c'est la phase où l'on va tout sortir, tout se dire, se libérer du trop-plein émotionnel. Puis vient dans un délai d'une semaine (jamais au-delà de dix jours) le retex **à froid**, en présence si possible d'un rapporteur qui n'a pas participé à l'événement et qui va prendre en note tout ce qui va émerger de ce debriefing.

L'un ne va pas sans l'autre et chacun de ces retex a son importance. Si le premier est davantage sur le registre de la spontanéité, le second est plus technique puisqu'on aura eu le temps d'évacuer la surcharge émotionnelle lors du premier debriefing et qu'on sera en mesure, en prenant de la hauteur sur les événements, de les juger « à froid », débarrassé des émotions.

L'histoire

Une vie perdue

Je ne vais pas narrer à nouveau le suicide que je n'ai pas pu empêcher lors de ma première négociation au RAID, mais je vais expliquer l'intérêt des deux debriefings fructueux qui ont suivi ce drame.

Sous le choc, l'esprit embrouillé par la scène à laquelle j'avais assisté et, il faut l'avouer, plein de culpabilité, je rentre à l'unité. Je suis seul dans le vestiaire, je retire mon équipement, range mon arme, je suis sonné. À de nombreuses reprises, j'ai été confronté à la mort, sous toutes ses formes. J'ai déjà dû faire usage de mon arme avec des camarades de la BRI. Action qui s'est conclue par la mort d'un homme. Celui-ci est mort sous mes yeux mais avec une kalachnikov à la main, c'était lui ou nous. Sa mort ne m'a jamais hanté.

En revanche, ce que je viens de vivre me trouble profondément. Je dois me rendre en salle de réunion pour le debriefing à chaud, j'ai un goût amer dans la bouche. Je suis en surcharge cognitive après les tensions exacerbées auxquelles j'ai été soumis. J'ai échoué, je m'attends donc à des commentaires violents. Il y a tous les membres de l'unité ayant été impliqués dans l'intervention, mon N2, des médecins, des personnes de la négociation qui n'étaient pas sur le terrain mais qui étaient restées à l'unité pour collecter de l'information. Je sais que je m'expose à un moment douloureux. Je me prépare à encaisser.

– Mais qu'est-ce que tu as foutu ?

– Pourquoi tu n'as pas avisé le chef du RAID que tu étais en train de le perdre ?

– Pourquoi tu n'as pas réagi ?

(Tout est allé trop vite.)

– Est-ce que ton N2 t'a dit que tu étais en train de le perdre ?

(Non, elle était particulièrement absente.)

– Est-ce que tu penses que tu aurais pu faire autrement ?

(Non, oui, enfin, oui bien sûr, mais là maintenant, je suis désolé, je n'ai pas les réponses.)

Je suis en unité d'intervention depuis dix-sept ans, je connais le mécanisme du retex à chaud et à froid et j'ai conscience d'être dans l'aspect cognitif du retour d'expérience. Il faut en passer par là pour être en mesure de prendre de la perspective plus tard.

Je n'ai pas vraiment de réponses à cette salve de questions, mais je ne me dédouane pas ; j'ai échoué, il est donc normal que mes camarades pointent du doigt mes failles. D'ailleurs, je suis très en colère contre moi-même. Je ne trouve pas que la façon dont on me questionne est violente : un homme est mort, il faut comprendre ce qui s'est passé. Ai-je ma part de responsabilité ? À ce stade et en l'absence d'autres éléments, je pense que oui.

Ce que j'ai appris

Une semaine après, nouveau debriefing, à froid cette fois. Nous avons tous eu le temps de digérer nos émotions, de prendre le recul suffisant pour en tirer les conséquences et s'améliorer pour la fois suivante. Lors de ce nouveau retour d'expérience, nous avons plus d'informations pour éclairer le passage à l'acte du suicidant. J'apprends qu'il souffrait de bipolarité, qu'il était en rupture médicamenteuse, c'est-à-dire qu'il avait arrêté de prendre le traitement qui le stabilisait psychologiquement, qu'il avait beaucoup d'alcool dans le sang, autant d'éléments qui permettent de comprendre ses réactions. Si je n'ai pas trouvé les bons leviers pour le canaliser, mon message n'était pas audible à cause de tous ces paramètres dont je n'avais pas connaissance au moment de la négociation. En outre, entre le moment où j'ai quitté l'unité et mon arrivée sur le terrain, je ne disposais pas de suffisamment d'éléments, ce qui a altéré mon analyse, ma stratégie et la prise de décision du chef du RAID. Car j'apprends qu'il avait à quatre reprises déjà tenté de se suicider. Cette information capitale aurait peut-être justifié une intervention du groupe plus rapidement ou comme stratégie prioritaire.

Ce retour d'expérience à froid a eu pour moi une double vertu : mieux comprendre les raisons de son passage à l'acte et me libérer d'un poids émotionnel encombrant.

Surtout je me suis complètement remis en question et j'ai créé **le cercle vertueux de la performance** comme doctrine d'emploi pour améliorer les compétences techniques qui mènent à la performance.

L'échec ne vous fait progresser que si vous en étudiez les raisons, si vous modifiez vos process et si vous vous entraînez régulièrement.

C'est à vous

« Je ne perds jamais, soit je gagne, soit j'apprends. »

À l'issue d'un rendez-vous compliqué, ne manquez pas l'opportunité de faire un debriefing à chaud. Il faut y voir une occasion de se soulager, d'évacuer toute la surcharge émotionnelle ; il est toxique d'accumuler des émotions très fortes et de les garder pour soi, cela pourra créer de la frustration, de l'inhibition ou bien de la souffrance au travail. Mais à ce stade, vous ne disposez pas du recul suffisant pour analyser finement et sereinement vos échecs et vos réussites. Le debriefing à froid permet d'approfondir ces points et ces ressentis en se posant ces quelques questions clés : **qu'est-ce qui a – ou pas – fonctionné ? Comment peut-on améliorer les choses ? Et comment vous sentez-vous ?**

À condition de **ne pas commencer par pointer les défaillances du collaborateur** ; en entreprise, trop de réunions de debriefing commencent par la désignation d'un coupable avec des phrases du type : « Alors, qu'est-ce qui s'est passé ? » Cette **approche par la négative, très**

accusatrice et culpabilisatrice, est malheureusement trop souvent utilisée dans notre culture latine, alors que les Anglo-Saxons ont la démarche inverse en félicitant plutôt qu'en sanctionnant. Ainsi, pour pérenniser ce cercle vertueux, la reconnaissance des efforts et du travail bien fait est primordiale. Sans rentrer dans une dictature de la récompense anxiogène, les dirigeants doivent reconnaître et récompenser les performances de leurs collaborateurs, tout en sachant accepter les erreurs et les coups manqués. Cela renforce la motivation et l'engagement, tout en encourageant une culture saine de la performance. Le cercle vertueux de la performance est un modèle gagnant-gagnant, où chaque partie s'enrichit mutuellement, créant ainsi une entreprise prospère et durable. Enfin, je recommande de ne pas avoir plus de dix personnes dans un retour d'expérience. Il y a toujours ceux qui monopolisent la parole (parfois pour ne rien dire), et ceux qui ne disent rien de peur d'affirmer des choses pas pertinentes, mais qui ont parfois d'excellentes recommandations à faire.

Donc maximum dix personnes, à qui on va donner pour chacune d'entre elles l'opportunité de s'exprimer.

Si un événement majeur a impliqué plus de dix personnes, je recommande de faire des sous-groupes par département, métier, branche d'activité, et *in fine* un debriefing avec le senior management sur la base des conclusions de chaque sous-groupe.

Par exemple, après l'affaire Merah, chaque spécialité a fait son propre debriefing, d'un côté les snipers, d'un autre les colonnes d'assaut, les négociateurs, les médecins du RAID, le groupe technique, et, à l'issue, les chefs de chaque groupe se sont réunis pour un retex avec le chef du RAID et ses adjoints.

De ce retour d'expérience, certains protocoles ont été revus pour établir une amélioration de la doctrine qui s'est traduite par une restitution sous forme d'exercices.

Le retour d'expérience

Il est destiné à améliorer les protocoles de l'entreprise.

Garder le meilleur, améliorer ce qui peut l'être et éliminer ce qui n'est pas ou plus efficace.
Une fois ce toilettage effectué, on traduit tout ça au niveau opérationnel en effectuant des exercices.
Ces exercices s'intègrent dans la formation initiale que reçoit un salarié et dans la formation continue qu'il a au cours de sa carrière. On étudie, on apprend de ses échecs et on transforme le tout en améliorant sa doctrine d'emploi, puis on vérifie par la mise en œuvre d'un plan de formation.

*** On étudie.**
*** On apprend.**
*** On transforme.**
*** On vérifie.**
*** On met en application.**

LES 7 ÉTAPES DE LA PERFORMANCE TECHNIQUE

1. MANDAT
Qui fait quoi comment, quand et pourquoi

2. ANALYSER LA SITUATION
Antériorité de la relation, sa nature et les enjeux. Spécificités et contraintes particulières

3. ÉLABORER LA STRATÉGIE
Négociable, négociable à la marge, pas négociable

4. PRISE DE CONTACT
L'importance des biais cognitifs

5. ÉTABLIR LA CONNECTION
Ventilation, écoute active, synchronisation et influence

6. SAVOIR CONCLURE
La reformulation et la prise de parole pour s'accorder sur un point de situation commun

7. RETEX ET ENSEIGNEMENTS
Chaud et froid, enseignements et restitution opérationnelle

Deuxième partie

Valoriser / Le savoir-être

Comme nous l'avons vu dans la première partie de cet ouvrage, le concept de performance s'articule autour d'un certain nombre d'étapes à respecter ; en un mot, c'est la maîtrise de la technique qui n'est ni plus ni moins que le **savoir-faire**. Pour autant, cette performance technique à laquelle vous aspirez pour atteindre votre objectif ne sera possible que si vous adoptez un comportement de nature à donner le meilleur de vous-même, et cette « positive attitude », c'est le **savoir-être**.

Atteindre votre objectif nécessite l'addition de votre expertise technique et de vos qualités humaines. Seule cette complémentarité peut vous donner de la performance. Des deux compétences, le savoir-être est la plus difficile à acquérir, contrairement au savoir-faire qui s'obtient par la répétition et l'entraînement intensif et régulier.

Lorsque j'ai rejoint la BRI, nous avions des épreuves physiques à surmonter, mais surtout nous devions passer plusieurs semaines dans chacun des groupes de la brigade. On appelait ça l'immersion. À cette occasion était évaluée notre capacité à nous intégrer au groupe et à trouver notre place. Malheur au candidat qui ne prenait pas son tour dans le véhicule de surveillance ou qui arrivait en retard sur un dispositif.

À l'issue du stage, c'était le groupe dans son ensemble qui décidait d'accueillir ou pas un nouvel arrivant. Aujourd'hui, on a un peu perdu ce sens des valeurs dans les unités d'intervention et l'on évalue en priorité un candidat sur ses capacités physiques. Ainsi, on favorise la performance physique au détriment de la dimension humaine.

Cette méthode de recrutement est à mes yeux discutable, car un bon sportif ne fait pas nécessairement un bon opérateur dans une unité d'intervention. Combien de champions de judo, de boxe et autres ont rejoint ces unités sur la base de l'excellence de leurs qualités physiques, mais au quotidien ces profils parfois trop égocentrés et encore dans une logique de compétition étaient incapables de travailler en groupe.

A contrario, j'ai le souvenir d'un collègue qui souhaitait rejoindre la BRI ; ses résultats aux épreuves de tir n'avaient pas été brillants, en revanche lors du stage il avait démontré un esprit d'équipe sans faille et de vraies qualités humaines et policières en matière de surveillance et de filature. À l'issue de son stage, la médiocrité de son niveau de tir avait été soulevée et un de nos anciens avait interrompu la discussion en disant qu'on le formerait, il travaillerait ce point et ça ne poserait pas de problème, car il avait le mental pour. Ce candidat nous avait rejoint et effectivement il avait travaillé d'arrache-pied cette faiblesse au point de devenir ensuite l'un des meilleurs tireurs de l'unité.

Si vous tirez trois cents cartouches par jour pendant des mois, je peux vous assurer que vous allez devenir un bon tireur. En revanche si vous n'avez pas **l'esprit d'équipe et le sens du collectif**, il sera difficile de vous changer. Quand vous avez un doute sur un recrutement, suivez votre instinct et l'adage suivant : « Quand il y a un doute, il n'y a pas de doutes » et on ne recrute pas.

Avoir la bonne attitude, se connaître, se maîtriser, savoir garder son calme, gérer son stress, prendre de la perspective par rapport aux événements, apprendre de ses échecs, valoriser ses succès, gérer son ego et avoir confiance en soi sont les points que je vous invite à suivre pour prendre les bonnes décisions en toutes circonstances.

Durant les différentes étapes de ma carrière, j'ai été amené à prendre des décisions importantes et, pour certaines d'entre elles, vitales. À chacun de mes engagements en qualité d'opérateur d'intervention à la BRI, je prenais le risque d'engager mon intégrité physique. C'était ce pour quoi j'avais été recruté et formé et, pour être tout à fait franc, c'est ce que je recherchais. Mais si j'assume parfaitement les risques des actions que j'entreprends, il m'a toujours été plus compliqué de prendre des décisions qui engageaient l'intégrité physique de personnes qui se retrouvaient à subir les conséquences de mes choix tactiques, et c'est sur ce point précis qu'on mesure le poids des responsabilités.

La prise de décision en situation de crise est complexe, car elle s'opère dans un contexte d'urgence, de forte contrainte émotionnelle et les enjeux sont importants, voire vitaux. Les décisions en elles-mêmes ne sont parfois pas si compliquées à prendre, en revanche en identifier les enjeux et en assumer les conséquences en cas d'échec est bien plus compliqué.

Agir en pleine crise, réagir face à l'imprévisible, se positionner face à des situations extraordinaires… J'ai appris au fil du temps à mettre mes émotions à rude épreuve, et donc à ne pas me laisser déborder par elles. Contrairement à ce qu'on pourrait croire, le monde de l'entreprise est parfois émotionnellement aussi dangereux que le monde de l'intervention tant le salarié peut être soumis à des **pressions harassantes**, déstabilisantes et qui surtout durent pendant de longues périodes.

La différence entre le secteur privé et le monde de l'intervention est la temporalité : dans les unités d'intervention on va vous solliciter de façon très intense, mais généralement sur une période assez courte pour obtenir un pic de performance optimum ; dans le secteur privé on va vous solliciter de façon tout aussi intense, mais sur des périodes généralement beaucoup plus longues. L'enjeu pour un manager sera de conserver cet **équilibre** précaire d'exigence de performance optimale de ses équipes en sachant les préserver d'une intensité trop forte trop longtemps.

En effet, si la stimulation est trop importante ou si elle se prolonge sur la durée, le niveau de performance va stagner, puis rapidement décroître pour engendrer de la fatigue, voire un épuisement extrême qui se traduira par des répercussions lourdes sur le métabolisme et la santé psychologique, épuisement, manque de sommeil, irritabilité, développement de maladies chroniques.

DU MANAGEMENT AU LEADERSHIP PAR LE SAVOIR-ÊTRE

1. EN DONNANT DU TEMPS
2. EN ÉCOUTANT
3. EN ÉTANT EXEMPLAIRE
4. EN ACCORDANT DE LA CONFIANCE
5. EN SACHANT DEMANDER
6. EN VALORISANT

1

Maîtrisez vos émotions

Celui qui règne en lui-même et gouverne les passions,
les désirs et les peurs est plus qu'un roi.
John Milton

L'hypothalamus, cette petite structure de la taille d'une noisette située à la base du cerveau, déclenche nos expressions émotionnelles. Nous sommes tous mus par des émotions ; si souvent elles nous poussent à agir et peuvent être constructives, parfois elles nous submergent, nous inhibent ou nous incitent à prendre de mauvaises décisions. Aussi universelles soient-elles, elles n'ont pas le même impact, la même réception en fonction des individus et de la temporalité. Joie, colère, surprise, tristesse, peur, dégoût, mépris sont des émotions communément partagées. Mais en fonction des circonstances et de votre personnalité, un message identique passé au tamis des émotions pourra être interprété différemment, susciter de l'enthousiasme, de l'adhésion ou au contraire provoquer une altération de la communication, une mésinterprétation, des dissonances cognitives[2], et engendrer des conflits relationnels.

En contexte dégradé ou à forts enjeux, mal gérer ses émotions peut conduire à des catastrophes. Il faut sortir de ce cercle anxiogène, en les contrôlant et en les utilisant à bon escient. Lorsque j'ai débuté ma carrière, on ne laissait pas de place aux émotions dans le cadre professionnel. À la limite pouvaient être tolérés les élans de joie ou les manifestations d'enthousiasme... c'est-à-dire les émotions que l'on considérait comme positives. Mais *quid* de la colère face à une injustice, ou de la frustration de ne pas être reconnu à sa juste valeur, de la peur également de ne pas y arriver ?... Ces émotions, souvent refoulées dans un contexte professionnel, sont justement celles qu'il faut apprendre à exprimer pour éviter qu'une situation ne s'enlise.

Exit la vision ancestrale qui classifiait les émotions en bonnes ou mauvaises. Aujourd'hui, toutes les émotions peuvent générer de l'énergie. À condition de savoir **les identifier, les écouter pour pouvoir mieux les maîtriser**.

2. État de tension mentale éprouvé lorsqu'il y a un conflit entre nos pensées, nos valeurs et nos actions ; ces contradictions aboutissent à une pression psychologique et à de l'anxiété.

L'histoire

Le dealer d'ecstasy de Nanterre

J'ai vingt-quatre ans ; jeune inspecteur de police, je peux encore facilement passer pour un étudiant. Nous avons appris qu'un dealer vient régulièrement sur le campus de l'université de Nanterre. Nous décidons d'y mettre un terme, sans attendre l'autorisation du recteur pour intervenir sur le campus de la fac. De coutume, nous arrêtons d'abord les acheteurs pour remonter jusqu'au dealer ; cette fois nous voulons faire autrement. Nos informations sont suffisamment précises pour interpeller le dealer en flagrant délit et, surtout, il n'est pas question d'interpeller des étudiants sur le campus, ce serait l'émeute assurée.

Par conséquent je me fais passer pour un acheteur, et très vite, j'identifie la cible ; il porte en bandoulière une sacoche qui doit contenir les stupéfiants. Je l'observe œuvrer durant quelques transactions. Il n'est pas très discret. Les acheteurs vont directement au contact, s'éloignent avec le dealer puis, la transaction faite, chacun repart de son côté.

Je m'apprête à l'aborder et lui passer commande, ce que l'on nomme dans la police un coup d'achat. Il faut que je sois précautionneux pour ne pas éveiller les doutes du dealer. Je prends une grande respiration et je décide de passer à l'action. Je m'approche de lui.

– Salut, tu as des bonbons ?

À l'époque, ce sont les drogues de synthèse, notamment l'ecstasy, qui circulent le plus à Paris.

Un regard furtif à droite, à gauche, puis :

– Oui, suis-moi…

Il m'emmène dans un coin isolé, à l'abri des regards ; je sais que je ne crains rien, un dispositif policier est en place en cas de pépin. Je suis censé donner le top interpellation quand la transaction aura été effectuée. J'ai enlevé mon oreillette pour plus de discrétion, je suis coupé du reste de mes collègues, pourtant je n'ai pas d'appréhension particulière. Je ne suis pas censé procéder seul à l'interpellation. On s'enfonce dans les couloirs de l'université, il sort des « cachets » de sa sacoche, je lui remets l'argent, ça y est l'infraction est constituée. Au même moment, je repère mon chef de groupe au bout du couloir. Même si je n'ai plus de radio, je sais qu'il me voit, par conséquent je décide de ceinturer le type en annonçant : « Police ! » C'est contraire à nos procédures, je vais vite me rendre compte que je viens de commettre une erreur.

Tout va très vite : il me repousse et a le temps de plonger sa main dans sa sacoche pour en sortir un couteau. Je ne vois que sa main sur le couteau ; honnêtement je ne sais pas comment je fais, je pense qu'entre l'adrénaline et l'instinct de survie je parviens à éviter un premier coup et à lui faire lâcher prise. Mes collègues arrivent au même moment et nous l'interpellons. Nous nous extrayons rapidement de l'enceinte de l'université de

Nanterre pour ne pas éveiller l'intérêt et la curiosité des étudiants.

Dans la voiture qui nous amène à la PJ des Hauts-de-Seine, le dealer ne dit pas un mot, il a le visage fermé. L'épisode du couteau m'a passablement énervé, mais je parviens malgré tout à me contrôler. Puis nous procédons à une perquisition à son domicile pour vérifier s'il a des produits chez lui et en quelle quantité. Dans son appartement situé dans la cité Pablo-Picasso de Nanterre est présente son épouse, une femme beaucoup plus âgée ; elle est apeurée, craintive. On ramène le jeune homme au poste pour procéder aux auditions, on fait venir également sa compagne. Très vite, elle est mise hors de cause.

Dans notre groupe nous avons une collègue féminine, Nathalie ; c'est à elle que revient l'audition de cette femme. Nathalie est comme nous, elle n'est pas du genre à s'émouvoir rapidement – ce métier vous blinde en quelques années seulement –, mais elle revient avec sa tête des mauvais jours.

– Ce type est un monstre, dit-elle.

Elle nous informe que la femme a subi des violences conjugales : il lui aurait porté un coup de couteau dans le biceps et brûlé le bas-ventre en l'aspergeant d'alcool parce que soi-disant elle passait trop de temps dans la salle de bains.

On est donc face à ce qu'on appelle dans le jargon de la police une « incidente », c'est-à-dire un crime ou un délit découvert dans le cadre d'investigations sans rapport avec le motif d'interpellation initial.

Ainsi, alors qu'on auditionnait le type pour trafic de stups, on va également l'entendre pour violences conjugales, même si son épouse tétanisée par la peur refuse de porter plainte.

Nous le faisons extraire de sa cellule de garde à vue pour l'entendre dans notre bureau. Il imagine probablement qu'on va lui parler de l'affaire des stupéfiants, mais lorsqu'on lui dit qu'on va l'entendre sur les coups qu'il a portés à son épouse, il se raidit. Son regard devient noir de haine, puis avec un horrible rictus il déclare :

– Fais ton travail pour les stups. Pour le reste, eh ben quoi ? C'est ma femme, c'est ma chose !

Il n'éprouve aucun remords. J'ai en tête les traces de coups et les stigmates sur le corps de sa compagne, qui a été auscultée juste avant par un médecin ; sa froideur et son sourire glaçant me dégoûtent.

Il vient de toucher un point sensible. Je prends sur moi, mais je n'attends qu'une chose : qu'il se rebelle pour pouvoir le maîtriser avec violence. Je dois me contenir. J'ai du mal. Je n'ai qu'une envie : le frapper.

Mon chef de groupe a de l'expérience, il s'approche de moi et me dit :

– Sors un peu, on va l'auditionner. Ne le frappe surtout pas, il en profiterait.

Il ajoute :

– Avec ce qu'on a trouvé sur lui et le fait qu'il a voulu te planter, il va partir en prison.

C'est effectivement ce qui se passe. Deux mois plus tard, je fais quelque chose que je n'avais jamais fait auparavant : je contacte la prison de Nanterre où il est incarcéré en attendant son jugement. Je demande s'il reçoit de la visite, on me répond que oui, mais une seule personne. Je connais déjà la réponse, mais mon interlocuteur me la confirme… sa femme.

Ce que j'ai appris

J'étais un tout jeune policier à l'époque, je manquais encore d'expérience et j'avais les émotions à vif. Cette interpellation s'était pour le moins déroulée dans un climat de violence puisque le dealer avait tenté de me poignarder ; pour autant, aussi curieux que cela puisse paraître, la bouffée de violence ressentie lors de son audition ne provenait pas de cette agression envers moi. Je considérais que cela faisait partie du métier. Non, ce qui avait déclenché en moi cette colère, c'était bel et bien les coups qu'il faisait subir à son épouse. Les violences à l'encontre des femmes et des enfants, et l'ironie avec laquelle les délinquants considèrent ces crimes sont mon talon d'Achille.

J'en retiens à titre personnel que ma maîtrise des émotions est proportionnelle au niveau des émotions ressenties. Je m'explique : leur gestion a pour limite des curseurs individuels. Je l'avoue, si j'avais eu l'autorisation de le punir physiquement, je l'aurais fait sans état d'âme et probablement aurais-je pu à mon tour me comporter en bourreau. Je n'essaye pas de me justifier, mais je fais un constat objectif et factuel de ce qui aurait pu se passer. Chacun peut être violent quand sa sensibilité est heurtée, et je reconnais qu'il est **difficile de maîtriser ses émotions en toutes circonstances.**

Découvrir la part de violence que l'on porte en soi est une expérience déstabilisante car, avec le recul et selon le contexte, on peut se rendre compte que, sous prétexte de préserver la sécurité de nos concitoyens, on peut aller très loin dans ses réactions dès lors qu'on dispose de la « légitimité » pour le faire.

C'est à vous

Que ce soit dans notre vie de tous les jours ou dans le monde professionnel, nous sommes confrontés à des situations ou à des personnalités qui vont déclencher chez nous ce qu'on appelle une surcharge émotionnelle. **Un trop-plein d'émotions**, difficile à réfréner. Petit mode d'emploi pour y faire face :

* Commencez par **éviter toute réaction à chaud.**

* **Posez-vous les questions suivantes** : quel est son but ? Quelles sont mes limites ? Et : quelles sont

les valeurs sur lesquelles je ne transigerai pas avant d'intervenir ?

* **Anticipez les stratégies de manipulation** bien rodées d'une entreprise (on fait attendre les collaborateurs, on les met dans des pièces trop froides ou trop chaudes, on ne leur donne pas à boire, on multiplie les réunions à rallonge...), une mise sous pression psychologique susceptible de mettre les émotions à rude épreuve, d'exercer sur vous un ascendant psychologique et vous fragiliser. En vous y préparant, vous pouvez définir si oui ou non vous acceptez ces règles, en fonction de votre propre curseur émotionnel.

* **Fixez-vous une limite** qu'il ne faudra pas franchir. C'est **vous et vous seul qui définirez votre curseur et votre équilibre émotionnel**. Les limites sont, selon moi, l'impolitesse, l'incivilité, l'insulte. Rien ne justifie que l'on dépasse certaines limites dans un contexte professionnel. On peut bien entendu vous faire des reproches, mais il convient d'y mettre les formes. Face aux incivilités dans le travail, face à quelqu'un qui monte le ton, qui hurle parfois, veillez à remettre les curseurs au bon niveau – baissez le ton de votre voix pour amener l'autre à s'apaiser.

* **Laissez votre interlocuteur « ventiler »**, à savoir déverser ses émotions sans l'interrompre du moment qu'il reste dans la limite acceptable de la politesse. Enfin apaisé, il sera temps d'avoir une conversation plus constructive.

* **Osez dire** à votre interlocuteur que vous n'acceptez pas et n'accepterez jamais ce mode d'échange, même s'il vous oppose des phrases du type « je ne suis pas méchant, c'est mon style, ma façon de parler », pour justifier un comportement inacceptable. Vous devez vous protéger de ce type de rapports qui, si vous n'y prenez pas garde, se reproduira et vous fera subir une pression psychologique dont il sera difficile de vous échapper si vous n'y mettez pas un terme rapidement.

* **Anticipez** les rencontres ou entretiens au cours desquels vous pourriez exprimer de la colère ou du ressenti et vous laisser vous aussi submerger par vos émotions, afin d'éviter qu'à votre tour vous ne soyez plus en mesure de vous contrôler.

En résumé, garder son calme, gérer ses émotions, cela s'apprend. Le but est à la fois d'éviter d'être submergé par ses émotions de colère, joie, tristesse, dégoût et au contraire de réagir comme un monstre froid. L'enjeu est de réussir à s'adapter à la situation. Si une situation ne vous convient pas, dites-le avec des termes appropriés mais dites-le, ne subissez pas l'emprise émotionnelle que certains voudront exercer sur vous. Certaines personnalités sont très douées pour vous attirer dans cette spirale psychologique. Il convient d'y mettre un terme dès que vous sentez cette contrainte s'exercer sur vous.

Le discours multicolore

Lorsque vous vous apprêtez à prendre la parole en public pour un rendez-vous professionnel, une négociation commerciale ou un entretien d'embauche :

* **Préparez votre intervention en écrivant les mots clés et les idées forces.**

* Vous pouvez **matérialiser chaque émotion de votre discours en les surlignant de couleurs différentes** sur vos notes ; même si vous ne les avez pas avec vous pendant l'entretien, les couleurs seront des points de repère mentaux durant votre prise de parole.

2

Mettez de la distance

Force est de constater que les gens qui prennent de la hauteur face aux événements et mettent une certaine distance avec leur environnement professionnel survivent mieux dans le monde du travail ; celles et ceux qui sont trop investis émotionnellement en perdent leur capacité rationnelle d'analyse, parfois même leur calme, et surréagissent. Ce trop-plein d'émotions dans nos rapports professionnels risque d'impacter une négociation, un entretien à fort enjeu et *in fine* notre performance. Cela implique d'accepter les règles, même si parfois ces règles ne vous conviennent pas

Dans un contexte professionnel, on en revient une fois encore à la notion capitale de mandat. **Savoir délimiter pour avoir un équilibre vie personnelle-vie professionnelle** digne de ce nom.

J'ai pour ma part exercé des métiers de passion, où le professionnel rogne, voire dévore le personnel. J'ai vu tant de collègues qui ont tout donné pour leur métier quitte à ce que leur vie personnelle soit réduite à peau de chagrin. Ne faites pas cette erreur !

L'histoire

Le retraité du 36

Je me souviens de cette figure du 36 qui appartenait à la brigade criminelle. Procédurier hors pair, il a vu défiler la plupart des grands criminels. Il a connu son heure de gloire, qu'il aimait à rappeler, en ayant traité le dossier lié au décès de lady Diana survenu sous le pont de l'Alma. Il était toujours enjoué et de bonne humeur, sa voix résonnait dans les couloirs du 36. C'était un personnage de roman avec une gouaille et un look à l'inspecteur Columbo. Tout à sa passion, il n'avait pas vu les années passer ni la retraite arriver à grands pas. Il a consacré presque trente ans de sa vie à la brigade criminelle. Son pot de départ avait été magnifique et à la hauteur du personnage. De nombreux anciens directeurs de la PJ étaient venus et chacun y était allé de son discours larmoyant plus ou moins attendu, plus ou moins sincère. Le nouveau retraité s'était senti flatté et sans doute n'avait-il pas compris que cette soirée d'hommage était la conclusion de sa vie professionnelle. Après une petite semaine de pause, on l'avait vu reprendre le chemin du bureau, au début, disait-il, pour régler des questions administratives, puis il avait fini par venir quasiment tous les jours au point que certains ignoraient même qu'il ne faisait plus partie des effectifs de la crim.

La direction, magnanime, n'avait dans un premier temps rien dit, espérant qu'il allait espacer ses venues, puis avait fini, devant sa présence quotidienne, par lui demander courtoisement de ne pas venir trop souvent, ce qu'il n'avait pas compris. Cette même direction a dû se résoudre à lui interdire l'accès au 36. Les plantons avaient reçu des consignes strictes. Il n'avait plus l'autorisation de monter les escaliers du 36 qui l'avaient mené si souvent à son bureau. Il n'était dorénavant plus le bienvenu. J'imagine comment cette décision l'avait sans aucun doute anéanti. Je revois sa silhouette dans son imperméable, qui restait de longs moments dehors sur le trottoir face au siège de la PJ à espérer croiser un ancien collègue. Il était devenu l'ombre de lui-même et ne comprenait pas comment on avait pu ainsi l'abandonner, le trahir. Sa situation avait ému nombre de ses anciens collègues. Un accompagnement psychologique lui a été proposé et une mission au titre de la réserve opérationnelle lui a été confiée. La police propose aux citoyens et aux retraités de la police nationale d'apporter un renfort dans les différents services.

Quand je pense au grand professionnel qu'il avait été et au respect qu'il inspirait aux jeunes flics qui arrivaient à la crim puis à ce qu'il est devenu, je me dis que les passions sont destructrices, et je me suis juré que je ferais mon métier en professionnel, mais sans jamais tout sacrifier pour lui.

Ce que j'ai appris

Prendre du recul et mettre de la distance avec la sphère professionnelle est important pour durer et être efficace. Lorsque je suis arrivé à Scotland Yard, j'ai pris tous les attributs du poste, c'est-à-dire que le modeste capitaine de police que j'étais devenait subitement le représentant français du ministère de l'Intérieur en matière de lutte contre le terrorisme entre la France, le Royaume-Uni et la République d'Irlande. Du jour au lendemain, vous avez des interlocuteurs de haut niveau, vous êtes invité dans les ambassades, vous intervenez dans des conférences. Autant de choses qui peuvent, si vous n'y prenez garde rapidement, vous monter à la tête. Ça n'a pas été le cas car je savais que ce n'était pas Laurent Maury qui les intéressait, mais ma fonction d'officier de liaison. J'avais parfaitement conscience de recevoir les mêmes sollicitudes que mon prédécesseur et que ces dernières, après mon départ, seraient les mêmes pour mon successeur.

Prendre du champ par rapport à ma fonction m'a formidablement aidé, car je n'ai jamais été dupe des attentions qu'on me portait et j'ai vécu la fin de cette aventure comme quelque chose de parfaitement logique. En quittant Scotland Yard, j'ai donné mon portable professionnel à mon successeur avec la totalité de mes contacts, je lui ai passé le relais sans aucune difficulté. Je me souviens d'un ancien de la BRI qui m'avait dit lors de ma période de formation : « Si un jour tu ressens de la lassitude à être à la BRI alors quitte la brigade rapidement, car tu offriras la possibilité à un jeune de nous rejoindre et de réaliser son rêve. » Toute ma carrière je me suis souvenu de ces paroles : « Être professionnel sans jamais oublier que nous ne sommes que de passage. »

Je n'ai jamais eu pour mission de devenir une « légende » dans les unités dans lesquelles j'ai eu l'honneur de servir. Les personnes indispensables ou celles qui prétendent l'être sont souvent bien vite oubliées.

Dernièrement je me suis rendu à la BRI pour y saluer quelques amis ; la plupart des policiers que j'ai croisés ne me connaissaient pas. Pourtant pendant dix ans je me suis consacré à cette unité jour et nuit, sacrifiant des fêtes de famille, des Noëls, des jours de l'An. Dans le bureau du groupe 20 dont j'étais le chef adjoint, mon regard a été attiré par quelques photos dont certaines commençaient à vieillir. Je me suis vu sur quelques-unes avec mes camarades de l'époque. Ces photos accrochées sur un mur intitulé « nos anciens » m'ont apporté le sentiment de la reconnaissance de mes pairs et du devoir accompli ; cela m'a conforté dans le choix qui a été le mien de **toujours prendre de la perspective en sachant que nous ne sommes que de passage.**

C'est à vous

Mettre de la distance entre vous et votre travail ne veut pas dire que vous devez vous désintéresser de votre fonction ; au contraire, **investissez-vous dans votre activité**, soyez un bon professionnel, consciencieux, ne cessez jamais de vous former, soyez curieux de tout, et le moment venu **formez les autres et transmettez** votre savoir-faire et l'état d'esprit qui vous anime, mais sans aucune naïveté sur votre rôle et en conservant de la perspective et de la hauteur.

Au niveau personnel, n'oubliez pas que la passion pour votre métier ne suscite peut-être pas le même engouement pour votre conjoint et qu'il ou elle n'a aucune raison d'en subir les contraintes. Préservez au maximum **un juste équilibre** entre votre vie professionnelle et votre vie personnelle.

En prenant de la perspective, vous allez avoir un autre regard, vous réduirez le stress qui parfois accompagne de nouveaux défis. Vous prendrez du recul sur vos premiers ressentis.

Vous allez aussi forger votre mental et favoriser la maturité de l'esprit.

3

Gérez votre stress

Le stress est un sentiment que nous expérimentons tous. C'est une réaction grégaire qui remonte à la nuit des temps quand il nous fallait fuir ou combattre face au danger. Ce n'est pas une émotion, mais une réponse physique normale face au défi qu'on appelle allostasie : l'effort constant d'adaptation que fait l'organisme (par ses changements physiologiques ou comportementaux) afin de maintenir un état intérieur stable.

Quand les facteurs de charge de stress sont trop importants et/ou qu'ils durent trop longtemps, on va se trouver en **surcharge allostatique**, se traduisant par une usure du corps et du cerveau. À la clé, des maladies chroniques comme de l'hypertension, des maladies cardio-vasculaires, de l'obésité, car les doses de cortisone que l'on reçoit en situation de stress vont augmenter l'appétit. Au niveau psychologique, un stress chronique va affecter la qualité du sommeil, créer de l'anxiété et des dépressions.

Il ne faut pas se méprendre, affirmer « je gère bien le stress » est une erreur. Mieux vaut dire : « Jusqu'à présent, j'ai bien géré le stress. » Lorsque je décris le stress, j'aime le comparer à un livre dont on ne connaît ni le nombre de pages ni la fin. Nous sommes inégaux face au stress qui est décorrélé de l'âge, du genre et de la force physique.

J'ai vu des camarades d'intervention forts psychologiquement et physiquement qui, à un moment, ont mal géré une crise. Ils étaient arrivés aux dernières pages de leur livre et n'étaient plus capables de résister au stress. Certains ont même développé des troubles posttraumatiques parce qu'ils connaissaient mal leur livre. Notre résistance au stress évolue tout au long de notre carrière, elle n'est pas constante et dépend de facteurs extérieurs (soucis familiaux, manque de sommeil, problèmes de santé). Il est essentiel aussi de bien connaître son corps, de l'écouter. Personnellement, je suis certain d'être parti au bon moment de la police et d'un métier qui m'exposait au danger.

Avec du recul, j'ai conscience d'avoir été exposé à des situations et des scènes qui ne relèvent pas de la normalité. Le contact avec la douleur, la misère et la mort ne sont pas des situations normales. Les côtoyer, les subir pendant des années aurait pu entraîner chez moi de graves traumatismes. J'ai longtemps pensé avoir échappé à cette douleur psychologique.

L'écriture de cet ouvrage m'a obligé à solliciter ma mémoire pour illustrer mes propos et tout est revenu, les odeurs, les visions d'horreur, la violence, et je crois finalement ne pas avoir été épargné. J'ai juste quitté cet univers au bon moment et évité l'intervention de trop.

En revanche, en rejoignant le secteur privé, j'ai constaté que ce mal frappait tous les domaines d'activité. J'ai réalisé combien les salariés étaient eux aussi, même si la façon de l'être différait, exposés et affectés par le stress.

L'histoire

L'attaque du fourgon blindé

De toutes ces années à la BRI je n'ai conservé que quelques photos, toujours le même genre de clichés pris à l'issue d'un entraînement ou d'une formation, avec une pose martiale. Je n'ai qu'une seule photo prise dans l'action, à l'issue d'une intervention particulièrement tendue et que je garde précieusement.

Ce jour-là, j'ai eu pleinement conscience de la dangerosité de mon métier. C'est une interpellation durant laquelle mon stress a atteint son pic. Un gros dossier : une équipe de braqueurs de banlieue s'était associée avec des bandits corses. Nous avions recueilli plusieurs infos concordantes qui indiquaient qu'ils allaient attaquer prochainement un fourgon blindé de la Brinks. Grâce à un formidable travail d'enquête, toute l'équipe est identifiée. Nous avons affaire à des professionnels. Cette équipe du grand banditisme est parfaitement structurée et chacun va tenir un rôle bien précis dans l'attaque à main armée qu'ils s'apprêtent à commettre. Un camion a été volé et doit venir percuter le transport de fonds tandis que des hommes sont censés procéder à l'attaque en faisant exploser la porte blindée du fourgon. Il est prévu que deux motards se mettent en travers de la police si elle venait à intervenir. Cette équipe composée de voyous de cité associés à des bandits corses est d'une extrême dangerosité, nous savons qu'ils n'hésiteront pas à faire usage de leurs armes. Chaque groupe de la BRI qui agit pour l'occasion en coopération avec des policiers de la BRB (Brigade de répression du banditisme) a un objectif particulier. Avec cinq de mes camarades nous revient la tâche de procéder à l'interpellation des motards lorsqu'ils rentreront dans le garage que nous avons localisé et sur lequel nous exerçons une surveillance sans relâche depuis des semaines maintenant.

Ce jour-là, nous comprenons que l'attaque est imminente lorsque nous voyons toute l'équipe se mettre en place à quelques kilomètres du centre fort de la Brinks.

Lorsque cette information se précise, le chef de la BRI contacte en urgence le centre fort de la Brinks ; avec gravité et autorité, il déclare :

– Demandez au fourgon qui vient de sortir de retourner immédiatement à sa base, car une attaque sur votre véhicule est imminente.

Le fourgon de la Brinks fait effectivement rapidement demi-tour, pendant ce temps-là une discrète surveillance nous indique que toute l'équipe se tient fin prête. Nos bandits semblent s'impatienter, ils s'agacent, se concertent pour enfin se disperser. C'est cette information que nous attendions. L'arrivée des motards au box est imminente. Quelques ultimes recommandations avant de passer à l'action. Une dernière fois je vérifie mon arme en m'assurant qu'une cartouche est bien engagée et que je suis opérationnel, je vois mes collègues faire de même. Instinctivement, je tapote mon gilet pare-balles comme je le fais chaque fois que je m'apprête à intervenir en tenue civile. Probablement une manière de me rassurer.

Il n'y a plus un mot et chacun est à présent concentré. Nous montons à bord d'un van à porte coulissante et il est prévu que lorsque les box seront ouverts nous pénétrerons dans le parking pour nous extraire rapidement du véhicule et interpeller les deux motards.

J'ai le sentiment d'être shooté à l'adrénaline. Je ressens physiquement tous les effets du stress. Tous mes sens sont en éveil, en hypervigilance jusqu'à percevoir ma respiration, l'augmentation de mon rythme cardiaque. Ma concentration est maximale. Je sais surtout qu'ils sont armés et qu'ils n'hésiteront pas à tirer. Il va falloir être rapide et percutant. Nous entendons sur les ondes :

– Retour des motards au box.

Puis quelques secondes plus tard :

– Les box sont ouverts et les motards sont à l'intérieur.

Puis le chef du dispositif annonce :

– Pour tous, je répète, pour tous : top interpellation !

Tout va ensuite très vite.

Je suis au pic de mon stress, l'adrénaline me met en mouvement, je sors du van avec un collègue, nous fonçons sur notre objectif, le motard est en train de retirer son casque.

En une fraction de seconde je vois qu'il a compris, il fait un mouvement suspect, il plonge sa main dans son blouson, tout s'accélère, mon collègue a juste le temps de sortir son arme et de lui donner un coup de crosse. L'homme s'effondre, on ouvre son blouson, en dessous il porte un gilet pare-balles et en bandoulière un pistolet-mitrailleur Uzi, celui-là même qu'il s'apprêtait à dégainer. Tout s'est joué en l'espace de quelques secondes. Nous venons d'éviter un carnage. Je suis tellement concentré que je ne vois même pas l'interpellation du second motard. Nous trouvons sur chacun d'eux un pistolet automatique et des grenades, et dans le garage ni plus ni moins qu'un lance-roquettes et des explosifs.

L'interpellation réalisée, nous apprenons que tous les membres de l'équipe viennent d'être arrêtés et que personne chez nous n'a été blessé. Nous sommes soulagés et la joie est à son comble. Une fois rentré chez moi, j'éprouve une fatigue extrême et malgré tout il m'est impossible de trouver le sommeil. Je connais cette sensation qui n'est que l'expression physique d'une montée extrême de stress. Chacun sa méthode pour redescendre. En ce qui me concerne, j'ai toujours suivi le même rituel après ce type d'intervention : une bonne douche et ensuite, si l'heure est compatible, jeux avec mon fils. Ses éclats de rire m'ont souvent apaisé et valent toutes les séances de méditation.

Ce que j'ai appris

Dans mon métier, il y a des pics de stress que je qualifie de « bon stress » qui stimulent et donc génèrent une bonne performance ; puis le stress va redescendre au terme de l'opération.

J'ai appris à me connaître et je sais que j'ai tendance à donner le meilleur de moi-même lorsque je suis sous pression ; je ne panique pas, l'adrénaline me porte et c'est lorsque je me mets en danger que j'obtiens les meilleurs résultats. J'ai ce qu'on nomme une attitude mentale différente par rapport au stress. C'est-à-dire que, selon une formule employée en psychiatrie, je repère des signaux de sécurité qui me permettent de me calmer et de me lancer.

Ma performance est vraiment optimale sous forte contrainte. Mais il s'agit bien de **montée de stress**, je n'évolue pas dans un état de **stress permanent**.

En entreprise, les salariés sont de plus en plus dans une zone de stress permanente, tout en haut de la courbe de Gauss ; on attend d'eux de la performance constante tout au long de l'année. Par essence, **on ne peut pas être ultra performant tout le temps**, c'est humainement intenable, d'où la recrudescence des burn out. Il est urgent que les managers fixent des objectifs atteignables, cohérents et pertinents et aident leurs collaborateurs à réduire leur charge émotionnelle. La communication est un enjeu majeur pour échanger avec son équipe sur son état d'esprit et de fatigue. Un type de management qui suscite du stress n'obtiendra jamais le maximum de performance et d'adhésion des équipes.

C'est à vous

On peut travailler son stress, en s'accordant des temps de pause, des respirations, en utilisant des **techniques d'optimisation du potentiel** (TOP).

Il s'agit d'un ensemble de techniques issues du monde militaire ayant pour objectif le développement personnel via l'amélioration du fonctionnement psychophysiologique, initialement lors de situations de conflit. Je conseille par exemple d'essayer **la respiration intelligente**, qui consiste à fermer les yeux pour prendre conscience de son diaphragme et à inspirer profondément, ou de pratiquer **l'imagerie mentale** : comment ai-je envie d'aborder la prochaine heure, dans quel état d'esprit ?

Ces techniques peuvent être utilisées facilement afin de se placer dans un état optimal aux moments où nous en avons le plus besoin : une situation de conflit, un stress important dû à une situation d'urgence, mais également un examen. Dans tous les cas, les techniques d'optimisation du potentiel répondent à la **nécessité d'être la meilleure version de soi-même** dans le but d'améliorer sa propre vie ou celle de son groupe, et d'atteindre ses objectifs.

Le niveau de stress

En termes de management, on est en mesure de réduire le niveau de stress de ses collaborateurs :

* En leur expliquant précisément ce qu'on attend d'eux et de leur mission.
* En fixant des objectifs cohérents, réalistes et atteignables.
* En leur accordant de la confiance qui va leur permettre de se réaliser dans leur travail sans imposer de micromanagement.
* En sachant les féliciter et les récompenser quand c'est justifié. On néglige trop souvent cet aspect en partant du postulat qu'ils n'ont fait que leur travail.
* En leur accordant du temps pour les accompagner dans l'atteinte de leur objectif.
* Enfin, n'oubliez pas que votre performance ne se mesure pas à l'intensité du stress que vous subissez.

Pour évacuer le stress, respirez !

* Avant chaque prise de parole ou action qui engage une montée de stress : pratiquez la respiration ventrale (à la différence de la respiration thoracique ou claviculaire) en posant la main sur votre ventre pour le sentir se gonfler à l'inspiration et se dégonfler à l'expiration ; comptez jusqu'à 10 à chaque mouvement du ventre.

* Fermez les yeux et visualisez le mouvement ascendant et descendant de votre respiration.

* Pendant votre prise de parole ou action, ménagez-vous des temps pour reprendre votre souffle ; ces temps de respiration serviront de transition entre vos idées et vos actes.

4

SURMONTEZ VOS PEURS

Le courage croît en osant, et la peur, en hésitant.
Proverbe romain

Peur de tout perdre, peur de l'avenir, peur de l'échec, peur de la critique, peur du rejet, peur de la solitude, peur de la maladie et de la mort, peur du vide existentiel, peur du changement, peur de l'autre et de la différence… La peur s'invite partout dans notre société, et elle peut nous paralyser et s'avérer un obstacle au développement de nos projets. La peur est une émotion primaire qu'il faut accepter sans en être l'esclave. La peur peut être mauvaise conseillère, inhiber et réduire la performance dans l'action, conduisant ainsi à l'échec. Pour la surmonter, il faut se concentrer sur l'objectif. Il faut **faire de la peur un facteur d'appréciation**, et développer une stratégie en conséquence qui consiste à évaluer les risques de telle ou telle action ; il s'agit de se poser les questions suivantes : qu'ai-je à gagner ?

Qu'ai-je à perdre ? Cette émotion est-elle liée à un danger réel ou supposé ? Trop souvent, on n'entreprend pas les choses car la peur de perdre l'emporte et nous fige dans l'inaction.

Ainsi quand notre scénario de vie est guidé par la seule peur, il faut en changer tout de suite et choisir un rôle plus intéressant dans le grand jeu de l'existence. Plaçons dans notre esprit, nos pensées et notre imagination une image de ce que nous voulons devenir, comme individu ou comme société, et cultivons des états d'esprit aidants : voilà de bons antidotes à la peur. Il revient à chacun de se vouloir du bien au lieu de craindre continuellement le pire. C'est une question de choix.

L'histoire

Tentative d'enlèvement de la fille d'un ministre égyptien

Un « tonton » nous a indiqué qu'une équipe de bandits chevronnés s'est constituée et a comme objectif d'enlever la fille d'un ministre égyptien qui vit à Paris. Les informations dont nous disposons sont succinctes, mais nous avons l'adresse de l'objectif des voyous, ce qui est un point important pour nous.

Sur place, nous découvrons la présence de trois individus que nous allons identifier rapidement.

Nous sommes depuis plusieurs semaines autour de cet immeuble bourgeois du 7e arrondissement, à deux pas du Champ-de-Mars. Ces trois individus, tous inscrits au fichier du grand banditisme, viennent tous les jours en fin d'après-midi pour surveiller les abords du domicile de la riche Égyptienne. Ils espèrent déterminer ses habitudes pour frapper au meilleur moment. Depuis quelques jours nous sentons que le passage à l'acte est proche et nos surveillances se font de plus en plus discrètes. Aujourd'hui, j'ai décidé d'être piéton : je vais suivre deux des voyous à pied. Il faut de la pratique pour suivre correctement quelqu'un, et ça, ça ne s'apprend pas dans les écoles de police. La règle est simple : ne pas se faire « détroncher », c'est-à-dire ne pas se faire repérer. C'est une sorte de « pas vu, pas pris », mais côté chasseur. Vu le quartier, je me suis habillé en conséquence, délaissant mon habituel jean et mon blouson pour revêtir un costume et une cravate. Envisageant un flagrant délit, j'ai vérifié mon arme avant de partir et pris avec moi un deuxième chargeur, au cas où… Dans mon oreillette, un gars du groupe annonce les avoir vus emprunter la rue de l'Université. J'accélère le pas pour m'y rendre, mais ils ont rebroussé chemin et les voilà qui se profilent à l'angle de la rue de l'Université et de la rue Jean-Nicot. Nous nous croisons. Je suis nez à nez avec eux et je commets l'erreur d'en regarder un dans les yeux une fraction de seconde, qui suffit à le mettre en éveil. L'un d'entre eux a remarqué ma surprise. Je n'ai pas réussi à masquer cette émotion face à leur apparition soudaine. Je poursuis mon chemin, je sens leur présence derrière moi, j'entends le frottement des manches de leur blouson. Ils sont tout proches. Ne pas se retourner, surtout ne pas se retourner. Je repère un fleuriste, j'entre dans sa boutique, je retire discrètement mon oreillette qui me coupe à présent de tout contact avec mes collègues. La vendeuse me demande ce que je désire, j'entends le bruit caractéristique de la clochette de la porte de la boutique qui s'ouvre. Mon sang se glace. Ils viennent d'entrer dans le magasin. Je m'efforce de conserver mon calme et j'achète un bouquet de roses. Ils sortent. Je suis un peu soulagé. Je quitte la boutique. En fait, ils m'attendent sur le trottoir. Celui dont j'ai croisé le regard me gratifie d'un grand sourire en me disant « belles fleurs », ce à quoi je réponds d'une voix volontairement inoffensive : « Merci. » Ces échanges de politesses ne leur suffisent pas, ils continuent de me suivre. Je n'entends plus que le frottement de leur blouson. Je sais qu'ils sont armés et imprévisibles. Il faut que je parte le plus vite possible, je prends mon téléphone et appelle le dernier numéro composé, celui d'un gars du groupe que j'ai contacté lors de la mise en place du dispositif, il y a moins d'une heure. J'improvise :

– *Hello* mon cœur, je suis sorti de mon entretien, tout s'est très bien passé, j'ai hâte de te retrouver. Au fait, as-tu pris du pain pour ce soir ? Non ? O.K., je m'en charge je viens de passer devant une boulangerie il y a deux secondes. À tout à l'heure, je t'embrasse.

Je me retourne brusquement au point de percuter un de mes suiveurs. Cette fois-ci, plus d'excuse et encore moins de regard, je me rends directement dans une boulangerie pour y acheter cette fameuse baguette. Je ressors, ils ont disparu. Je m'engouffre dans la première bouche de métro. En dépit de ma frustration, j'ai eu le bon réflexe. J'ai quitté le dispositif pour ne pas le griller et perdre le fruit de plusieurs semaines de travail. Pour moi, la partie s'achève. Fou de rage contre moi-même pour ma maladresse, je crains d'avoir fait capoter cette enquête. Il faudra attendre le lendemain pour comprendre qu'ils vont revenir sur les lieux pour poursuivre leur projet criminel.

Avoir regardé cet homme dans les yeux ne serait-ce qu'une seconde avait distillé le doute dans son esprit. J'ai délibérément choisi cet exemple pour montrer que la peur que j'ai éprouvée n'était pas une peur physique, en dépit du fait qu'ils étaient armés et qu'ils auraient pu s'en prendre à moi ; non, ma peur était d'avoir impacté le travail collectif de mes camarades, c'était la peur d'avoir mal fait.

Ce que j'ai appris

Le risque et la peur dans ce métier sont des questions qui interpellent. Je vais m'efforcer de répondre le plus franchement possible et de la manière la plus honnête, sans déformer la réalité ni m'inscrire dans tout le narratif de bon ton qui consiste à dire que les opérateurs ont peur avant d'intervenir mais qu'ils placent leur mission tellement haut qu'ils sont prêts au sacrifice ultime. Par expérience, je sais que cette interprétation est globalement fausse. Les opérateurs d'intervention comme les militaires membres des forces spéciales ont une addiction à l'action et à la prise de risque. Ils ont besoin de leur dose de sérotonine pour se sentir bien. Cette prise de risque, ils la recherchent et l'appellent de leurs vœux. Évidemment qu'il y a cette volonté de servir, de sauver des gens, de protéger la patrie. Je ne nie pas cette dimension, mais il y a aussi et surtout ce désir de se surpasser et d'éprouver des sensations fortes.

Cette nécessité de se confronter à la difficulté ou au danger est un trait de personnalité que l'on retrouve chez les gens qui exercent des métiers d'action, mais pas uniquement. En écrivant ces lignes m'apparaît soudain comme une évidence ce que nous faisons subir à celles et ceux qui partagent notre vie. Nous leur imposons une source d'inquiétude qui ne pèse pas sur nos épaules.

Le risque au quotidien commence par les entraînements. Manipuler des armes, des explosifs, descendre d'une façade d'immeuble, utiliser une corde lisse depuis un hélicoptère sont autant d'opportunités de se blesser, et c'est ce qui arrive parfois. Doigts arrachés, œil crevé, fractures sont des blessures que j'ai personnellement vues. Je me considère comme particulièrement chanceux puisqu'au cours de ma carrière j'ai largement été préservé avec seulement deux doigts cassés, une côte fêlée et une cloison nasale déviée, souvenir laissé par un dealer lors de son interpellation mouvementée dans un café de la rue Saint-Maur à Paris.

Pas question pour moi de dire que la peur n'existe pas. **Avant d'entreprendre une action j'en mesure les risques et les dangers.** En revanche, une fois au cœur de l'action, je suis transporté par la volonté de mener ma mission du mieux possible, je subis les effets d'un stress positif, mais jamais je n'éprouve de la peur pendant les opérations. Pour être tout à fait franc, je n'ai pas le temps et je la rejette par nécessité. **J'ai appris à dominer ma peur car je sais que si elle parvient à prendre le pouvoir je vais être en danger** : elle va impacter ma rapidité dans l'action et dans ma prise de décision.

Dans l'histoire narrée plus haut, j'ai évidemment craint que ces individus, qui étaient armés, s'en prennent à moi, mais ce que je craignais le plus, c'est d'avoir pu compromettre notre mission. Finalement ma peur réelle au-delà de l'échec de notre opération aurait été d'être stigmatisé par mes collègues, mes pairs et d'être écarté du groupe.

C'est très grégaire comme réaction. L'enjeu était tel que je devais surmonter ma peur. Même si je m'en suis voulu d'avoir risqué de faire capoter l'intervention, je peux me féliciter d'avoir pris la bonne décision en m'engouffrant dans cette bouche de métro pour quitter le dispositif de surveillance. Quelques jours plus tard, les ravisseurs ont été interpellés par mon groupe sans avoir eu le temps d'enlever leur cible. J'étais présent mais en planque dans notre sous-marin. Après ce malencontreux épisode, je devais sortir des radars de notre cible pour ne pas prendre le risque d'engager une filature sur l'équipe. Lors de l'interpellation, nous découvrons qu'ils sont effectivement tous armés et l'existence d'une camionnette dans laquelle nous trouvons des cagoules et des menottes destinées à entraver la future victime lors de son enlèvement. J'étais soulagé, je n'avais pas compromis cette opération.

C'est à vous

Ne subissez pas cette peur qui vous paralyse et vous empêche de vous accomplir. Pour la surmonter, je pourrais évoquer des thérapies basées sur l'hypnose, des exercices de respiration ou de méditation, mais avant d'en arriver à ces méthodes je vous invite à suivre les conseils suivants :

* Le premier d'entre eux consiste à **ne pas nier vos peurs.** Elles existent de façon réelle ou supposée et, fort de ce constat, il vous faut à présent les identifier pour les canaliser. Seulement alors vous serez en mesure de les surmonter.

* Confrontez-vous à vos propres peurs qui cachent souvent une peur existentielle bien plus profonde ; par exemple, la peur de perdre son travail est la peur liée à

la sécurité, la peur que votre conjoint vous quitte est l'expression de la peur d'être seul, la peur de ne pas y arriver, c'est la peur sous-jacente de ne pas se réaliser. En niant ces risques réels ou supposés, et j'insiste sur « supposés », ne vous y trompez pas, vous éprouverez toujours un sentiment d'angoisse qui reviendra à un moment ou un autre.

* La peur vous empêche de vivre l'instant présent et par conséquent de donner le meilleur de vous-même. Analysez les risques et ensuite **donnez-vous à fond**.

*Une des caractéristiques que l'on retrouve chez les personnes anxieuses est la **surestimation de la menace** perçue et une **sous-estimation de leur propre capacité** à y faire face. Posez-vous la question de savoir si votre volonté de réussir est supérieure à votre peur d'échouer.

* Faites-vous **confiance** : malgré la peur, rappelez-vous que vous êtes capable de grandes choses, fiez-vous à votre jugement et faites fi de celui des autres. Un bon moyen de surmonter sa peur est de vous dire que vous êtes la bonne personne à la bonne place.

* Gérer ses peurs, c'est apprendre à tolérer l'incertitude. En acceptant la peur d'échouer, vous libérez l'envie de réussir et surtout, quel que soit le résultat, vous vous accomplissez et devenez meilleur.

5

Dosez votre ego

C'est difficile pour un homme d'apprendre
ce qu'il croit déjà connaître.
Anonyme

La question n'est pas de savoir si on a ou pas d'ego puisque tout le monde en a un. *Ego* veut dire « moi » en latin. Avoir de l'ego, c'est accorder une certaine importance à sa personne, et s'affirmer devant autrui en tant qu'individu singulier. Ainsi, c'est la partie de nous qui s'est construite par nos rapports aux autres, par l'extérieur. Notre ego se bâtit aussi sur nos points de fragilité, nos blessures (abandon, rejet, trahison, injustice et humiliation). Pour ne plus ressentir de nouveau ces blessures, on va adopter un schéma mental, une posture, un comportement vis-à-vis des autres.

Tout comme la peur, l'ego est un faux ami qu'il convient de tenir à distance pour agir en priorité pour le bien commun, maintenir les responsabilités, renforcer l'estime de soi et la motivation. L'excès de confiance en soi est un piège qui peut se refermer sur vous. L'ego est souvent mal placé, par conséquent on le confond avec une forme de toute-puissance, voire de mépris. Un ego mal placé peut être perçu comme de l'arrogance et contribuer à instaurer des rapports malsains, de domination par exemple.

L'histoire

« Putain de flic… je le savais ! »

Je n'ai pas participé directement à l'arrestation des hommes qui planifiaient l'enlèvement de la fille d'un ministre d'Égypte, mais j'étais placé à bonne distance, depuis le véhicule de surveillance, pour savourer ce moment de réussite de notre groupe.

Je suis tellement content que j'en oublie les règles élémentaires de prudence. Alors que l'interpellation vient de s'achever et que les trois hommes sont menottés, je décide de sortir de mon véhicule pour venir à leur contact. Par arrogance et surtout par bêtise, il faut l'avouer, je me dirige droit vers celui dont j'ai croisé le regard quelques jours plus tôt dans la rue et m'approche de lui au point de me tenir à quelques centimètres de son visage. Je prends le temps de le fixer dans les yeux pour lui dire, un sourire aux lèvres :

– Tu te souviens de moi ?

Je perçois tout d'un coup la noirceur de son regard. Il ferme les yeux une seconde comme pour se repasser le film, puis prend une longue inspiration et, la mâchoire crispée, me balance :

– Putain de flic… je le savais !

Le saisissant par le col, je lui réponds :

– Oui, tu avais raison, tu aurais dû suivre ton instinct, j'étais sur toi depuis des semaines.

Je n'ai jamais vraiment cherché à savoir ce que devenaient les types que nous interpellions, pensant que la justice suivait son cours…

Un an et demi plus tard, je me trouve sur le périphérique parisien en compagnie d'un collègue. Je suis au volant. Soudain, un motard passe entre les voitures et, arrivé à ma hauteur jette un regard dans l'habitacle. Il ralentit, se déporte sur la voie de gauche, se laisse doubler et se remet sur ma file deux voitures derrière moi. Je trouve cette conduite un peu étrange – étant moi-même motard, je sais qu'on ne fait jamais ça. Après quelques kilomètres, j'en suis convaincu, cette moto nous suit. Mon collègue confirme mon sentiment. Arrivés à proximité de la porte de Montreuil, nous décidons de sortir du périphérique pour prendre la bretelle qui nous mène sur l'autoroute direction la Seine-Saint-Denis. Nous connaissons bien le secteur pour y avoir souvent travaillé. Nous savons qu'il y a très prochainement une station-service. Mon collègue sort son arme de son étui et la pose sur sa cuisse. Je fais de même avec mon Glock 26. La moto emprunte le même trajet que nous. Il n'y a plus aucun doute : son conducteur nous a pris en filature. À cent mètres de la pompe à essence, alors que la moto est toujours derrière nous, j'appuie sur le frein et stoppe la voiture. Mon collègue et moi sortons en même temps du véhicule, arme à la main ; nous nous précipitons en direction du motard qui s'est arrêté lui aussi. Je pique un sprint vers cet homme qui constitue une menace pour moi, j'ai le sentiment de ne jamais avoir couru aussi vite. En fait, j'ai besoin d'en avoir le cœur net : qui est-il et pourquoi nous suit-il ? À une quinzaine de mètres de lui, je vois son pied droit appuyer d'un coup sec sur le sélecteur de la boîte de vitesse. Les deux mains sur le guidon il démarre en trombe et je dois faire un pas sur le côté pour éviter la moto et ne pas être renversé. J'ai juste le temps de distinguer son visage que je reconnais immédiatement derrière la visière translucide de son casque. Je suis stupéfait : il s'agit de mon « ami », l'homme qui m'avait identifié comme policier alors qu'il s'apprêtait à enlever la fille du ministre égyptien. Comment peut-il être déjà dehors ? Je n'en reviens pas. Il m'a reconnu en une fraction de seconde. Un seul regard dans l'habitacle de la voiture lui a suffi.

De retour au bureau, nous entamons quelques recherches et apprenons avec stupéfaction que notre équipe de ravisseurs est effectivement libre depuis plusieurs mois déjà. Quant à ce qui vient de se passer, cela ne constitue pas un délit, et par conséquent il est inutile que je cherche à l'interpeller.

Pendant plusieurs jours je redouble de vigilance quand je rentre chez moi ; je redoute d'être suivi, qu'il découvre où j'habite et qu'il s'en prenne à ma famille. Ce sentiment est extrêmement désagréable. Cette situation n'est que le résultat de l'arrogance et d'un ego mal placé. Quelques semaines plus tard, j'apprendrai qu'il a de nouveau été interpellé et emprisonné. Je me suis exposé et, plus grave encore, j'ai exposé indirectement ma famille. J'en tire une leçon de vie indélébile.

Ce que j'ai appris

J'avais payé le fruit de mon arrogance. En le provoquant au moment de son arrestation, et le prenant de haut, je n'ai pas mesuré les conséquences qui pouvaient en découler. Sur le bitume de cette station-service, j'ai ressenti des sueurs froides en imaginant ce qui aurait pu se passer si, au lieu d'être avec mon collègue, j'avais été en famille avec mon fils âgé d'un an à peine à l'époque.

Par ailleurs, j'avais été imprudent des mois auparavant en imaginant que je pouvais être tout-puissant face à des individus dangereux ; en plus de mettre ma vie et celle de mes proches en danger, j'avais commis plusieurs erreurs : me dévoiler et lui dire que nous le suivions lui et ses acolytes.

Je me suis laissé emporter par un excès de confiance et j'ai placé mon ego au mauvais endroit. En situation de crise et plus particulièrement dans la prise de décision, l'ego est toujours mauvais conseilleur.

C'est à vous

Il s'agit pour vous, que vous soyez manager ou exécutant, de savoir **doser l'ego**. D'en faire un moteur pour vous, pour votre équipe, pour vos collaborateurs. Heureusement, l'ego n'est pas uniquement mauvais. Il cache une facette plus lumineuse, qui peut être bénéfique à toute une équipe, quand on sait le cultiver. Les personnes qui réussissent ont généralement un **ego positif** important. Elles croient en elles-mêmes et sont capables de surmonter tous les obstacles. C'est à vous, en tant que manager, d'encourager les aspects positifs de l'ego : ambition, confiance, audace, et donc de stimuler les performances.

Pour éviter d'avoir un ego trop envahissant, je vous recommande les conseils suivants :

* Partez du postulat que vous ne savez pas tout et, quels que soient votre âge et votre statut social, ne ratez jamais une occasion d'apprendre.
* Renoncez au jugement systématique.
* Pensez pragmatique et renoncez à avoir systématiquement raison.
* Je vous invite par ailleurs à avoir trois référents dans votre travail : un mentor qui va vous guider, un jeune que vous allez accompagner et former et enfin quelqu'un de votre niveau avec qui vous allez échanger et vous comparer.

6

Apprenez de vos échecs et pérennisez vos succès

Je ne perds jamais : soit je gagne, soit j'apprends.
Nelson Mandela

J'ai insisté en ouverture de cet ouvrage sur le souvenir prégnant du suicide sous mes yeux de cet homme lors de ma première négociation au sein du RAID. Cet échec a été fondateur, il m'a fait énormément réfléchir, il m'a constitué. Prendre du recul sur ses échecs requiert un effort, mais cet exercice est nécessaire dans une carrière, quelle qu'elle soit. L'échec n'est pas en soi une source de progrès si on n'analyse pas la ou les raisons qui nous y ont conduits. Lorsque l'on commence à vivre avec plus de souvenirs que de projets professionnels, il est peut-être temps de faire un premier bilan. J'ai bien entendu quelques regrets, mais aucun ne saurait être plus important que celui de ne pas avoir pu éviter la mort de personnes alors que cela aurait sans doute été possible.

Heureusement j'ai la force de croire qu'en vingt-neuf ans au service de mes concitoyens j'ai connu quelques succès. En revanche, je ne m'en attribue pas la responsabilité seul, car à chaque fois c'était la réussite d'une équipe. Par pudeur je n'en parlerai pas, mais j'ai des regards, des mots de remerciements de victimes qui restent gravés dans ma mémoire. Ces souvenirs liés au succès d'opérations valent toutes les médailles et surtout me confortent dans l'idée d'avoir fait le bon choix en optant pour ce métier.

L'histoire

La deuxième vie du Chinois

Septembre 2001. Depuis quelques jours nous avons décidé de nous mettre derrière un voyou bien connu, Jean-Claude Bonnal, que tout le monde appelle « le Chinois » en raison de ses origines vietnamiennes. Ce dernier vient tout juste de sortir de prison après un énième braquage et nous sommes persuadés qu'il va récidiver. Un dispositif est mis en place pour être présent à sa libération de prison. Après quelques jours où manifestement il savoure sa liberté retrouvée, Bonnal prend une chambre d'hôtel dans une ville du Val-de-Marne, où il se rapproche rapidement de deux hommes avec, comme lui, un passé criminel. Commencent alors des journées entières à suivre le trio qui passe de bar en bar et sillonne le département à bord d'une Citroën AX blanche hors d'âge sans donner l'impression d'avoir un but précis. Les jours succèdent aux jours, les filatures aux filatures avec en toile de fond cette banlieue triste de Paris.

Après quelques semaines sur ce rythme, nous commençons à nous épuiser. L'ensemble du groupe s'accorde à dire que ce « dossier » ne donnera rien et qu'il faudrait passer à un autre objectif. Cependant, une chose nous intrigue : l'heure à laquelle Bonnal quitte tous les jours son hôtel, beaucoup trop tardive pour quelqu'un qui a passé une bonne partie de sa vie derrière les barreaux et qui a été habitué à se lever très tôt. Le lendemain nous nous mettons en place à 5 h 30 dans une camionnette de surveillance ; des véhicules légers et une moto sont également postés. Mon collègue en surveillance dans le « soum » annonce qu'une « silhouette vêtue de noir » vient de rentrer dans l'hôtel ; pour lui, aucun doute, c'est Bonnal.

Notre homme a donc des activités nocturnes. Évidemment, ce comportement suscite des interrogations chez les enquêteurs que nous sommes. Nous apprendrons ensuite que le Chinois vient de rentrer dans sa chambre d'hôtel pour retrouver sa maîtresse après avoir tué deux policiers au Plessis-Trévise dans une séquestration à domicile qui a mal tourné et que quelques jours plus tôt il a participé à l'assassinat de quatre personnes dans un bar à Athis-Mons : le couple de propriétaires du bar, la serveuse et la femme de ménage de l'établissement. Unique survivante de cette tuerie, la fille des propriétaires de l'établissement, une enfant de neuf ans. C'est elle qui conduira les policiers dans la cave où les victimes, dont ses parents, ont été froidement exécutées d'une balle dans la tête.

Rapidement, un profil commun se dégage des deux affaires... la présence sur les lieux des crimes d'un individu de type asiatique. Pour autant, aucun rapprochement n'est fait avec notre dossier pour la simple et bonne raison que le SRPJ (Service régional de police judiciaire) Versailles ignore que la BRI Paris chasse sur sa zone de compétence et qu'elle est actuellement derrière un individu qui correspond au profil du tueur. Cette absence de communication, liée à une longue rivalité entre la PP et le SRPJ Versailles, va faire perdre un temps précieux aux enquêteurs dans le cadre de leurs investigations. Enfin, plusieurs jours après les crimes et au détour d'une réunion, le chef de la BRI Paris va apprendre que le SRPJ Versailles recherche activement un Asiatique. Il convoque notre chef de groupe pour avoir un point de situation sur ce dossier en cours. Ce dernier indique que le Chinois ne prépare manifestement aucun mauvais coup et que le groupe va sans doute bientôt passer à un autre objectif tant le dossier est creux. Soudain, il se ravise et ajoute toutefois que le comportement de Bonnal est depuis peu très étrange et qu'il a été vu rentrant tardivement à sa chambre de l'Etap hôtel le jour de la tuerie des deux policiers au Plessis-Trévise.

Nous n'osons pas croire que nous venons de passer à côté de six meurtres alors que nous étions derrière lui. Ce n'est pas possible. Pourtant le doute s'installe et une vaste opération est décidée le jour même. Le Chinois et ses deux acolytes sont interpellés sans résistance. Notre mission se termine avec ces arrestations. Les enquêteurs de la brigade criminelle prennent le relais. Devant les dénégations des protagonistes, le dossier très léger semble être difficile à défendre devant une cour d'assises tant les éléments matériels sont minces.

C'est là que le destin va entrer en jeu. L'un des gars du groupe émet la possibilité que l'hôtel disposerait d'une caméra de surveillance et que, peut-être, nous pourrions obtenir un enregistrement concernant le soir des faits. L'hôtel a bel et bien conservé un enregistrement. Mieux encore, le Chinois y est parfaitement reconnaissable lorsqu'il rentre au petit matin à l'hôtel tout de noir vêtu et l'enregistrement montre que ce dernier a quitté les lieux dans la nuit et qu'il a été récupéré par l'AX blanche que nous suivons quotidiennement depuis plusieurs semaines. Ces éléments de preuve et le travail acharné des enquêteurs permettront de déterminer l'implication de Jean-Claude Bonnal dans les deux dossiers de meurtre et de ses complices dans la tuerie du bar.

Si nous avions eu la présence d'esprit d'élargir notre créneau horaire de surveillance et de filature, peut-être aurions-nous pu empêcher ces crimes. Le destin est cruel, nous avons suivi ces criminels sans jamais repérer quelque élément que ce soit trahissant leurs projets mortifères.

Ce que j'ai appris

À la différence du suicide évoqué au début de l'ouvrage, que j'ai vécu comme un échec individuel, cette histoire met en avant un échec collectif, même s'il s'est tout de même soldé par l'arrestation de Bonnal. Nous étions restés sur la conviction que nous avions affaire à un braqueur de banques. Je sais que certains dans le groupe ont très mal vécu cet échec, pourtant jamais personne n'est revenu dessus. Je veux avec ces quelques lignes dire combien il m'a affecté, car je ne peux cesser de penser qu'avec un peu plus de pugnacité, et, j'ose le dire, de chance, des vies auraient pu être sauvées. De cette histoire, je retire une conclusion applicable au monde de l'entreprise : l'échec individuel se dilue dans l'échec collectif, on a trop tendance à conclure : « Ce n'est pas moi, c'est l'équipe, moi je n'y pouvais pas grand-chose… » Ainsi, le collectif a plus de mal à se remettre en question, puisque chacun y va de son « oui, mais ce n'est pas de mon fait ». Un bon manager est celui qui a réussi à instaurer une cohésion suffisamment forte au sein d'un groupe pour qu'en cas d'échec tout le monde comprenne que chacun a sa part.

C'est à vous

Au cours de votre carrière vous connaîtrez forcément des échecs. Certains sont plus importants que d'autres, certains vous marqueront plus que d'autres. Si vous prenez le temps de **comprendre pourquoi** vous n'êtes pas parvenu à atteindre votre objectif, vous amorcerez la première étape de reconstruction. Ce n'est pas l'échec qui fait avancer mais sa compréhension. Il est urgent d'en comprendre la raison avant de penser à l'après, et donc d'évaluer ce qui n'a pas fonctionné.

Des étapes clés pour surmonter un échec

* Commencez par pointer les étapes et les mauvais choix qui ont mené à cet échec.
* Ciblez les compétences et les décisions à mettre en œuvre pour aller de l'avant et ne pas reproduire vos erreurs.
* N'oubliez pas que l'échec fait partie du processus d'apprentissage : il faut l'aborder comme une étape vers la réussite. Il faut savoir l'accepter et en assumer les responsabilités. L'échec doit s'accompagner d'optimisme et de persévérance.
* Un échec ne fait et ne fera jamais de vous quelqu'un

de nul ou d'incompétent ; un échec peut être causé par nombre de raisons qu'il faudra comprendre.
* L'important sera d'en assumer les responsabilités et de ne pas se défausser. En matière de management, rien de plus préjudiciable qu'un manager qui n'assume pas ses responsabilités.
* Remémorez-vous vos réussites passées afin de ne pas vous accabler.

Et le succès ?

Comme pour l'échec, le succès s'analyse, s'étudie ; on en extrait les étapes pour les inscrire dans des protocoles dont on s'assurera de la pertinence par des exercices. Par ailleurs, il convient en termes de management de ne jamais oublier de féliciter votre collaborateur. Et en le félicitant, vous allez renforcer le sentiment de cohésion de votre équipe.

7

Faites preuve de courage

Le courage est la première des qualités humaines
car elle garantit toutes les autres.
Aristote

Je ne suis pas très à l'aise avec la formulation, mais faire preuve de courage a été mon lot quasi quotidien dans des situations où j'ai parfois objectivement mis en péril ma vie. La prise de risque est un engagement tacite quand on rejoint ce genre d'unités d'intervention. Je le reconnais aujourd'hui, je n'avais pas forcément conscience de mener une vie particulièrement dangereuse. Je n'étais entouré dans mon quotidien que de camarades avec lesquels je partageais la même passion, avec une évidente addiction pour l'action et l'adrénaline. J'ai quelque part signé un pacte avec la prise de risque en m'engageant dans les services d'intervention, où j'étais en première ligne. Mais je n'ai jamais eu l'impression d'être particulièrement courageux.

De même, je n'ai pas le souvenir d'avoir vu mon père pompier se vanter de tel ou tel acte de bravoure ou d'avoir fait preuve d'un courage extraordinaire après avoir sauvé des gens lors d'un incendie. Sans doute par pudeur.

Je ne suis pas quelqu'un de particulièrement courageux au quotidien. Plutôt quelqu'un de discret, un ancien enfant timide. En revanche, dans les moments de crise je suis presque désinhibé par la peur, et là mon courage s'exprime. Je ne suis pas du genre à fuir devant le danger. À bien y réfléchir, je me souviens avoir une fois pris conscience que je menais une vie risquée qui nécessitait de faire preuve de courage, sur une opération que je qualifierai de « classique », pas forcément plus dangereuse que la plupart des interventions au sein de la BRI.

L'histoire

Menaces aux bonbonnes de gaz

Un homme souffrant manifestement de troubles psychologiques s'est retranché chez lui avec sa mère âgée. Il a déclaré avoir amorcé des bouteilles de gaz prêtes à exploser si la police tentait de pénétrer dans l'appartement. L'affaire ayant été jugée suffisamment sérieuse et promettant d'être longue, le chef de la BRI a établi un poste de commandement où, avec mon chef de groupe dont je suis désormais l'adjoint, nous le retrouvons. Alors que nous sommes en train d'évoquer la stratégie à employer arrive un lieutenant-colonel des pompiers de Paris.

– Je souhaiterais parler à la personne en charge de l'intervention.

– C'est moi, qu'y a-t-il ? déclare mon chef, un peu agacé.

– Désolé de vous interrompre, commissaire, mais combien d'hommes vont mener l'assaut ?

Je sens au pincement des lèvres de mon chef que la question lui déplaît.

– Écoutez, ma question n'est pas pour interférer dans l'élaboration de votre tactique, mais simplement pour pouvoir donner des ordres à mes gars, car ils vont monter des tentes et un dispositif d'urgence pour grands brûlés, et par conséquent j'ai besoin de savoir combien de personnes pourraient potentiellement être blessées lors de l'opération.

– Huit.

Huit… Mon chef vient d'indiquer que si les bonbonnes de gaz explosent il y aura huit victimes parmi les forces de l'ordre. Huit policiers qui consentent à prendre ce risque… puisqu'ils ont accepté de faire ce métier.

C'est probablement la seule fois où je me suis dit, en montant les escaliers qui menaient au couloir où s'était positionné le groupe, que je mettais en jeu ma vie, mais surtout que nos décisions ont un impact collectif.

Cet échange m'a déstabilisé, cependant pas au point d'altérer ma détermination. Je prends ma place dans la colonne, prêt à intervenir.

Aucune négociation n'aboutit tant les propos du forcené sont incohérents. Excepté « vous allez mourir par le feu », nous n'obtenons aucune réponse. L'option d'un assaut est prise sans tarder. La porte cède rapidement, après deux coups de bélier. Nous découvrons effectivement deux bonbonnes de gaz dans le couloir, mais sans dispositif de mise à feu ; la tension retombe. Si le dispositif avait été enclenché, nous y serions tous passés. Je mesure les risques engagés au nom de ma mission de protection. Et le courage et la responsabilité du chef de groupe d'avoir pris la décision de lancer l'assaut malgré le risque énorme pour l'équipe.

L'interpellation se déroule rapidement sous les yeux terrorisés de la mère du forcené, une femme vieillie prématurément par la pathologie de son fils qui lui fait vivre un enfer quotidien depuis des années. Souffrant d'une maladie mentale lourde, il vient d'apprendre qu'il fait l'objet d'un placement d'office en hôpital psychiatrique et refuse cette hospitalisation. Sa mère décrit des accès de violence inouïs au point que lorsqu'il entre en crise elle doit se réfugier dans sa chambre tandis qu'il saccage tout dans l'appartement. Depuis des années, ce fils s'est coupé du monde, alternant les séjours en hôpital psychiatrique et en prison. Pour nous la mission s'achève, mais pour elle, victime collatérale, ce n'est qu'un épisode de plus dans une vie gâchée par la folie et l'absence de structure digne de ce nom capable de prendre en charge un cas aussi lourd.

Ce que j'ai appris

Je sais qu'il est de bon ton de dire qu'avant une opération on pense à sa femme, à ses enfants, voire à la France. En dix-sept années en unités, je n'ai jamais connu ça, et aucun de mes congénères ne l'a exprimé en ma présence. J'ai toujours travaillé avec des professionnels concentrés sur leur mission. Dans ces moments-là, c'est **la force du groupe** qui l'emporte. Celle qui illustre la puissance des valeurs individuelles au service du collectif. Elle est le fruit de notre sélection et de notre formation. Elle permet de **se transcender.** Ainsi, le courage revêt une dimension sociale et grégaire. Pour être accepté par le groupe, il ne faut pas faiblir, il faut vaincre ses propres peurs. Je suis convaincu que dans ces unités, les hommes craignent plus de se voir écartés du groupe en raison d'un manque de courage que de prendre des risques.

C'est à vous

L'expression d'une action courageuse est intimement liée à l'envie de ne pas décevoir le groupe, la structure dans laquelle on est intégré, au sentiment de légitimité. Lorsque vous êtes dans une position de leadership, cela implique une certaine exemplarité ; en ce sens le courage vous transcende, il faut être en mesure de faire les mêmes choses que celles que vous avez demandées aux autres.

« **Le courage est contagieux. Il suffit qu'un homme en fasse montre pour que d'autres relèvent la tête.** » Cette citation du prédicateur Billy Graham est une leçon de leadership.

La prise de décision requiert aussi une forme de courage. Il s'agit d'aller parfois à contre-courant de ce que pensent les autres, de prendre des décisions qui vont parfois déplaire mais qui restent en cohérence avec vos convictions personnelles. L'Histoire regorge d'exemples de cette nature.

Être courageux, au-delà de la dimension physique, c'est **résister face à l'adversité**, c'est exprimer clairement ses convictions et accepter de subir les conséquences de son engagement.

En management, c'est parfois le courage qui va être déterminant pour faire de vous un leader.

Il est compliqué mais nécessaire d'avoir le courage de vous opposer à votre hiérarchie. Je fais référence notamment à la contrainte de performance qu'on vous demande d'atteindre et pour laquelle vous allez solliciter votre équipe. Vous devrez être le garant du bien-être de vos collaborateurs et savoir vous opposer le moment venu si l'intensité est trop importante ou dure trop longtemps.

Quelques recommandations
en matière de courage managérial

* Faites preuve d'honnêteté et soyez juste.
* Assumez vos décisions, votre responsabilité et votre pouvoir de sanction si malheureusement cela s'avère nécessaire.
* Ne soyez pas inconsidérément naïf, mais acceptez d'accorder de la confiance à vos collaborateurs.
* Soyez exemplaire.
* Donnez du temps.
* Sachez déléguer, car trop souvent on entend des managers dire : « Je vais le faire moi-même, ça ira plus vite. » Non, ce n'est pas votre rôle. Vous devez avoir le courage de demander et de relancer.
* Enfin, sachez féliciter et récompenser.

SAVOIR-ÊTRE

1. GÉREZ VOS ÉMOTIONS
2. PRENEZ DE LA HAUTEUR SUR LES ÉVÉNEMENTS
3. MAÎTRISEZ VOTRE STRESS
4. SURMONTEZ VOS PEURS
5. DOSEZ VOTRE EGO
6. APPRENEZ DE VOS ÉCHECS ET DE VOS SUCCÈS
7. FAITES PREUVE DE COURAGE

Troisième partie

Savoir composer

**« La négociation,
c'est passer d'une volonté de convaincre
à une volonté de comprendre. »**

Savoir-faire (capitaliser) et savoir-être (valoriser) sont des vecteurs pour obtenir de la performance et atteindre son objectif. Malgré tout, le résultat de votre engagement technique et personnel n'est jamais garanti, puisqu'il ne dépend pas uniquement de vous. Vous allez devoir **faire avec** un impondérable : votre interlocuteur, autrement dit vous allez devoir « savoir composer ». Ce dernier pourra soit interagir avec vous dans une démarche constructive afin de parvenir à un accord commun, soit décider de ne pas s'inscrire dans cette perspective, ce qui limitera votre champ d'action. En effet, vos objectifs, vos enjeux ne sont pas systématiquement les siens.

Alors comment le comportement de l'autre peut impacter la réalisation de votre objectif ? Que ce soit de manière intentionnelle ou pas, votre interlocuteur va influencer votre prise de décision, et vous, la sienne !

Prenons la sympathie : elle influe beaucoup sur la prise de décision, car la plupart du temps elle devient vite réciproque et le « oui » n'est jamais loin.

D'autres facteurs interfèrent également sur la prise de décision :

– La rareté : les gens donnent de la valeur à ce qu'ils perçoivent comme rare.

– La congruence entre la décision et les faits : une fois une décision prise, on poursuit généralement dans la voie qu'elle insuffle, on maintient le cap.

– La preuve sociale : on a tendance à reproduire ce que les autres ont déjà réalisé.

– Et enfin l'autorité de votre interlocuteur : on fait généralement plus rapidement confiance à ceux qui ont déjà une expérience.

Votre prise de décision peut aussi être altérée par des **techniques d'influence.**

Je développerai particulièrement les techniques d'influence négative, contre lesquelles il est bon de se prémunir : le **mensonge**, que je qualifie de **technique passive**, et la **manipulation**, **technique agressive** ou **offensive.**

Et je vous aiderai à réagir face à des personnalités atteintes de troubles, telles que les psychopathes et les paranoïaques.

1

Tous menteurs ?

L'être humain a tendance à utiliser le mensonge, que ce soit par omission, par mésinterprétation, en jouant sur les mots, en faisant des réponses sélectives ou encore en feignant l'indignation. Dans notre vie quotidienne nous portons tous trois masques : un masque social que nous utilisons dans nos rapports aux autres et dans nos interactions professionnelles, un masque privé que nous revêtons avec notre conjoint, notre famille et nos amis les plus proches, et enfin un masque secret que nous partageons entre nous et… nous-mêmes. Ces masques sont là pour protéger notre être le plus profond, mais chacun adopte dans les interactions humaines un masque plus ou moins éloigné de la personne qu'il est au fond. Et c'est là que se niche le mensonge. **Porter un masque social fait-il de nous des menteurs ?** Sommes-nous tous menteurs dans nos relations humaines et professionnelles pour obtenir une avancée de carrière, remporter un marché commercial ou une négociation ?

La difficulté de la détection du mensonge réside dans le fait qu'il s'inscrit rarement dans un récit complétement faux, mais qu'il **se dissimule dans des détails.** Le mensonge s'accompagnerait d'un certain nombre de **réactions physiques** comme l'accélération des battements de paupières ou une impression de gorge sèche. Ainsi, il y a des siècles, les Chinois mettaient de la pâte de riz dans la bouche de ceux qu'ils suspectaient de mentir. Ils leur demandaient ensuite de recracher celle-ci ; si la pâte de riz était toujours aussi sèche, leur opinion était faite : ils considéraient qu'ils étaient face à un menteur. Procédé radical dont la véracité n'a, à ce jour, toujours pas été prouvée. En outre, on passerait de cinq à six clignements d'yeux par minute à une douzaine sous l'effet de saturation de charge émotionnelle et donc en situation de mensonge. Si seulement ces signes physiques permettaient de démasquer à coup sûr les menteurs…

L'histoire 1

Le pédophile du parc Monceau

Je suis encore un tout jeune inspecteur stagiaire. J'interviens chez un homme soupçonné de pédophilie dans le cadre d'une grande opération nationale de démantèlement d'un réseau de pédocriminels. Nous sommes à son domicile pour procéder à son interpellation et effectuer une perquisition. Rapidement nous découvrons un carnet dans lequel il raconte ses frasques sexuelles. Je prends ce carnet comme un élément de preuves à exploiter. De retour au bureau, un passage attire mon attention : il narre avoir réussi à imposer des attouchements à un petit garçon d'origine asiatique quelques jours auparavant au parc Monceau, dans le 8e arrondissement de Paris. Quand on l'interroge à ce sujet, il nie en bloc : dans ce cahier, il exprime uniquement des fantasmes, et selon lui « les fantasmes ne sont pas répréhensibles ».

– Mais vous reconnaissez dans vos écrits avoir agressé cet enfant…

– Prouvez-le…

Il remue sur sa chaise, il demande souvent à boire, il me défie du regard, un sourire sarcastique pointe au coin de ses lèvres. Je ne parviens pas à le « lire », le percer à jour, et mon intuition ne vaut rien. Il jubile, il sait que nous n'avons pas de preuve. Aucune plainte ni main courante n'a été déposée pour signaler ces attouchements. Ça me rend dingue : je sais, j'en ai l'intime conviction, il est coupable mais je ne peux pas le prouver, et je dois conserver mon calme. Je ne suis pas un justicier, je suis un officier de police qui doit produire des éléments tangibles pour la justice. Si je craque, je risque d'en pâtir. Je feins la colère, puis j'essaye de prendre de la distance. Si je dérape, il va passer du statut de bourreau à celui de victime. Je ne peux pas prendre ce risque vis-à-vis des vraies victimes. Percevant ma vulnérabilité, il me nargue pendant les quarante-huit heures de sa garde à vue. Cet esprit pervers a décelé chez moi une fragilité. Mon inexpérience parle pour moi ; je suis probablement maladroit car peu rompu à cet exercice qui est de mener une audition pour le mettre face à ses contradictions et lui faire reconnaître les faits. Instinctivement je perçois le piège qu'il me tend, il veut que je craque, c'est une évidence. En dépit de mes recherches, je ne trouve aucune trace de cette agression sexuelle. Je suis convaincu qu'il ne cesse de mentir mais ne parviens pas à obtenir ses aveux. À plusieurs reprises, il plonge son regard longuement dans le mien en jurant qu'il me dit la vérité. Lui comme moi savons que ce qu'il a écrit est vrai, mais cela ne constitue ni une preuve ni un aveu. Il sera tout de même présenté à un juge d'instruction, mais ne reconnaîtra aucun de ces agissements et, devant l'absence d'éléments matériels autres que son cahier, il sortira libre de ces auditions. Comme quoi, les menteurs peuvent s'en tirer même face à la justice.

L'histoire 2

Le désespoir d'un père

C'est un week-end de permanence, je suis appelé en renfort pour un homicide sur un adolescent. Arrivé sur place, du côté de Saint-Cloud, je rejoins mes collègues du groupe criminel. Lorsque je franchis le seuil de l'appartement, je suis saisi par l'odeur âcre du sang.

Sur le canapé repose un corps dont une partie de la tête a explosé sous l'impact d'une arme de gros calibre.

Je détourne instinctivement le regard. L'inspecteur en charge de l'affaire se dirige vers moi et me dit :

– Ne reste pas là, va interroger les voisins pour savoir s'ils ont vu ou entendu quelque chose. Sois précis, c'est important. Le môme avait treize ans, on va retrouver celui qui a fait ça.

L'affaire s'annonce compliquée. C'est le père qui a découvert le corps de son fils. Il déclare qu'au moment où il ouvrait la porte de son appartement, un individu tenant un fusil l'a bousculé et s'est enfui sans qu'il puisse le rattraper. Tout s'est passé tellement vite, il n'est pas en mesure de donner une description physique de cette personne.

Il ne comprend pas ce qu'il s'est passé. Sous le choc de la douleur, ses propos sont incohérents et il nous supplie de retrouver l'assassin de son fils.

Toutes les hypothèses germent dans la tête des enquêteurs, mais rapidement ils soupçonnent le père d'avoir menti. Il y a des incohérences dans son récit. Un seul élément joue en sa faveur : l'absence d'arme sur place.

Imaginez-vous devoir entendre un père qui vient de découvrir le corps mutilé de son fils… Un enquêteur très expérimenté se charge de cette lourde tâche. Il sait trouver les mots. Après une heure d'audition, le père s'effondre pour enfin raconter précisément ce qu'il s'est réellement passé.

En rentrant chez lui, il a découvert le corps de son fils. Le jeune garçon s'était donné la mort avec un fusil de chasse que le père conservait à la maison. Fou de douleur et n'acceptant pas l'idée que son fils ait pu se suicider, il a pris l'arme et s'est rendu en voiture au bord de la Seine où il a jeté le fusil dans l'eau. Ce n'est qu'ensuite qu'il a trouvé la force de rentrer chez lui et d'appeler les secours.

Ce que j'ai appris

Dans l'audition du présumé pédophile, et au cours de celles que j'ai menées pendant des années, j'ai été confronté à des individus qui mentaient la plupart du temps pour éviter d'avoir à payer les conséquences de leurs actes. C'est une forme de lâcheté.

Dans la deuxième histoire, j'ai très vite compris que quelque chose ne collait pas dans le récit de ce père en état de choc et désespéré. Il mentait parce qu'il ne pouvait se faire à l'idée que son fils ait pu commettre ce geste horrible, c'est pourquoi il a tenté de maquiller le suicide en homicide. Aucune charge ne sera retenue contre lui, car son geste a été considéré à juste titre comme la réaction à un choc psychologique majeur. Nous étions face à un mensonge pour ne pas affronter la violence de la réalité. J'ai été confronté dans ma carrière d'enquêteur à énormément de situations où le mensonge se déployait ; j'ai souvent réussi à percer à jour les menteurs, mais je pense que beaucoup d'entre eux sont passés entre les mailles du filet. Encore aujourd'hui, je suis incapable de vous dire à 100 % si quelqu'un me ment ou pas.

En prenant la tête du groupe de négociation du RAID, je me suis intéressé à ces questions en me formant aux techniques de la PNL (programmation neurolinguistique), à la synergologie, qui est l'étude du langage corporel (notamment des microdémangeaisons), et à l'approche systémique, qui est la capacité à avoir une vision globale de la situation. Selon l'analyse systémique, l'individu est influencé par différents systèmes : familial, professionnel, social... L'approche systémique prend donc en compte **la communication et les interactions entre les individus.** Je considère l'ensemble de ces techniques comme des outils intéressants de détection du mensonge, même si leur fiabilité est relative. Que ce soit en PNL ou en synergologie, le fait que votre interlocuteur se gratte le nez serait le signe qu'il ment, mais peut-être aussi tout simplement que son nez le démange ! Par expérience, je suis convaincu qu'il est difficile de détecter le mensonge. L'analyse des expressions du visage pour détecter le mensonge n'est pas infaillible. Mais certains signes peuvent tout de même vous aider à démasquer les menteurs.

C'est à vous

Avant toute chose, il convient de bien travailler ses entretiens en amont afin de disposer du maximum d'informations sur la personne que vous allez rencontrer et/ou sur la société qu'elle représente. Lorsque vous cherchez la vérité, pensez à établir une stratégie d'entretien classique utilisée dans les ressources humaines qui consiste à poser des questions très générales pour ensuite aborder des points de plus en plus précis. Je vous conseille donc d'avoir une vision globale puis d'entrer dans le détail, c'est là que vous sentirez si la personne que vous avez face à vous dissimule des éléments, ou tente de vous embrouiller. Ainsi, dans nos auditions dans la police, nous faisons toujours ce qu'on appelle un P.-V. de chique, c'est-à-dire une première audition durant laquelle la personne raconte tout ce qu'elle veut, souvent n'importe quoi. Bien que l'on sache qu'elle nous ment, nous n'allons ni l'interrompre ni la contredire. Ce n'est que lors des auditions suivantes que nous la mettrons face à ses contradictions.

Point essentiel : dans la négociation de crise, nous ne mentons pas. C'est un principe de base et je vous invite à en faire de même lors de vos négociations commerciales, car vous risquez de détériorer votre relation avec votre partenaire si le mensonge est mis au jour. Par ailleurs, un partenaire business à qui vous aurez menti ne vous fera plus jamais confiance et cela impactera toute perspective de conclure d'autres contrats avec lui, sans compter l'image qu'il donnera de vous à de possibles collaborateurs.

Détecter les menteurs

Quelques éléments clés pour les débusquer

* **Examinez le langage corporel (mains agitées, gesticulations, posture voûtée).**
* **Surveillez les expressions faciales :** même si la plupart des vrais menteurs ne laissent rien transparaître, les menteurs « occasionnels » peuvent montrer des signes de nervosité – se mordre les lèvres, cligner des yeux plus rapidement, dilater les narines. Ces changements peuvent signifier une augmentation de l'activité cérébrale due à l'élaboration d'un mensonge.
* **Faites attention au ton et au débit de paroles :** quand un menteur commence à proférer des mensonges, il peut avoir tendance à parler plus fort ou au contraire moins fort que d'habitude, ou encore accélérer son débit de paroles.
* **Écoutez comment ils se désignent eux-mêmes :** le menteur évitera souvent d'utiliser les pronoms personnels « je » ou « moi », ou tout autre mot faisant référence à lui-même. C'est ainsi qu'ils se distancieront mentalement d'un mensonge.

2

Tous manipulateurs ?

La manipulation est partout autour de nous et elle affecte notre vie personnelle et professionnelle. Elle consiste à amener quelqu'un par des voies détournées à faire ce qu'on veut pour en obtenir un bénéfice. Au quotidien, nous sommes tous disposés à pratiquer une forme de manipulation **non intentionnelle.** Ainsi je ne considère pas comme réelle manipulation le fait d'aller voir votre RH pour solliciter une augmentation un vendredi, car vous avez remarqué qu'il est plus disposé et de meilleure humeur que le lundi matin. Dans ce cas précis, je parle davantage de technique d'influence, voire tout simplement de bon sens. Il ne suffit pas de demander pour être entendu, il faut savoir faire preuve de psychologie. Par exemple, demander à son enfant de se brosser les dents sinon il risque de souffrir de caries n'est ni plus ni moins que l'expression d'une manipulation non intentionnelle au bénéfice d'une personne qui nous est chère.

En revanche, je distingue clairement deux formes de **manipulation intentionnelle** : la première dite

égocentrique, pour satisfaire un besoin personnel, et la deuxième clairement **malveillante**, pour porter atteinte à autrui.

1/La manipulation égocentrique : savoir reconnaître les pervers narcissiques

Le pervers narcissique manipulateur fonctionne selon le triptyque séduction/pouvoir/manipulation. Charmeur, sympathique, parfois réservé, il a une personnalité hautement toxique. Il va se positionner en victime en utilisant une arme très efficace qui est le chantage affectif. Pour obtenir ce qu'il souhaite, il va utiliser le principe de réciprocité. Généralement il va vous donner beaucoup et rapidement afin de créer une **dette affective**. Il veut obtenir de vous de l'attention, de l'amour et du temps. Pour renforcer son emprise, il va tenter de vous éloigner de votre cercle amical et social, de vous isoler. S'il n'arrive pas à ses fins, il sera déçu et passera à un deuxième registre en tentant de vous culpabiliser. Il utilisera souvent la sémantique suivante : « Après tout ce que j'ai fait pour toi, voilà comment tu me récompenses… »

Le pervers narcissique a une très haute estime de lui-même et n'éprouve pas de remords. Il peut avoir un cercle social étendu, mais n'aura pas ou peu de véritables amis, car s'il est manipulateur, il ne parvient pas à créer des relations durables et profondes. Il est incapable de faire preuve d'empathie. Il est déstabilisant en passant du chaud au froid. Cette alternance émotionnelle peut fragiliser à son contact les personnes qui finiront par se sentir dévalorisées. Cette absence de remords, il la justifie en pensant qu'il est supérieur. Il se perçoit comme différent, au-dessus du lot. S'il est suffisamment intelligent, il sera d'une redoutable efficacité. Sachez que vous n'obtiendrez rien de lui en le mettant face à ses agissements. N'oubliez pas qu'il n'éprouve ni remords ni empathie (il ne comprend pas ce que vous ressentez). Il n'accepte pas ses propres faiblesses et s'en protège en considérant l'autre comme inférieur. C'est une relation à fuir au plus vite.

Se protéger du pervers narcissique dans un contexte professionnel

* Gardez en tête votre objectif.
* Imposez rapidement vos limites. Et ne le laissez pas s'imposer.
* Limitez vos échanges et communication. Vous pouvez utiliser l'ironie pour montrer que vous n'êtes pas affecté émotionnellement.
* Soyez très vigilant et au moindre doute prenez de la distance. Le fameux « après tout ce que j'ai fait pour toi… » devrait arriver rapidement.

2/ La manipulation malveillante

Votre interlocuteur va jouer sur des ressorts psychologiques ou financiers pour vous faire faire des choses moralement ou légalement répréhensibles afin, le moment venu, d'exercer sur vous un chantage pour obtenir ce qu'il souhaite en vous menaçant de détruire votre réputation, votre famille, votre vie professionnelle. Cette technique est utilisée par les services de renseignements du monde entier. À quelques variantes près, elle s'articule autour de quatre points et s'appelle le MICE.

M comme « monnaie ». On va vous proposer de l'argent pour accomplir un certain nombre de choses, des tâches tout d'abord non répréhensibles ; puis, par la dépendance financière dans laquelle on vous a enfermé, on va vous demander des éléments de plus en plus précis et des informations de plus en plus sensibles jusqu'au moment où vous refuserez et serez alors menacé.

I comme « idéologie ». On va vous manipuler sur la base d'une idéologie philosophique, spirituelle ou politique commune.

C comme « compromission ». C'est généralement une compromission d'ordre sexuel ou une tentative de séduction afin d'obtenir des informations ou des services de votre part.

E comme « ego ». Cette manipulation est plus subtile. On va vous flatter ou s'étonner que quelqu'un d'aussi méritant, brillant, intelligent que vous n'occupe pas le poste qui devrait lui revenir de droit. Généralement on utilise ce vecteur sur des personnes plutôt en fin de carrière qui évoluent à un niveau de responsabilité intermédiaire, un cadre moyen ou supérieur mais qui n'est pas au niveau dirigeant.

L'histoire

Tentative de manipulation à Hong Kong

En juillet 2019, la ville de Hong Kong connaît un mouvement de protestations sans précédent. Initié dans un premier temps par le refus d'une partie de la population hongkongaise de signer un traité d'extradition avec la Chine, il va se transformer en mouvement populaire qui deviendra une crise sociale, politique, économique et identitaire majeure.

Massif et pacifique au début, il va basculer dans une extrême violence entre une partie de la jeunesse hongkongaise et la police, avec pour point d'orgue le siège du campus de la Hong Kong Polytechnic University.

Lorsque les premières manifestations surviennent, je suis au consulat général de France à Hong Kong où je représente le ministère de l'Intérieur. J'ai été affecté à ce poste pour faire de la coopération entre notre pays et Hong Kong, Macao et Taïwan. Je dois promouvoir notre expertise dans les domaines généralistes de la police et suivre les commissions rogatoires internationales délivrées par des juges français quand nos ressortissants sont victimes ou auteurs de crimes ou délits sérieux entre nos pays respectifs. Enfin, j'assiste la communauté française sur place pour établir le lien avec la police locale sur des enquêtes en cours.

C'est naturellement que je commence à m'intéresser aux manifestations, car il est de mon devoir de rendre compte de ce qui se passe sur place. Je fais des analyses objectives sur les événements, sur l'expertise de la police locale en matière de maintien de l'ordre, les moyens engagés, leur stratégie, les revendications...

Je suis parfaitement identifié par les autorités locales et exerce mon activité sous un statut de diplomate. Dans un premier temps, je continue d'entretenir des liens cordiaux et officiels avec la police hongkongaise, puis, en répercussion à la prise de position de la France pour les manifestants, les portes se ferment jusqu'à ce que je n'aie plus de contacts avec la police. Mes autorités sont bien entendu au courant de ma situation. Pour autant, elles continuent d'attendre de moi des rapports et des analyses sur les événements en cours.

Je me joins alors aux mouvements de foule pour sentir l'ambiance qui y règne, voir comment les manifestants réagissent. Je m'efforce d'être le plus factuel et neutre possible. Je reste sur le côté des cortèges et ne participe pas directement. Je me contente d'observer pour rendre compte ensuite. Lors de l'une de ces manifestations pacifiques, je remarque qu'un individu s'intéresse à moi. J'ai conscience que la présence d'un Occidental suscite des interrogations et j'imagine que cette personne est l'équivalent de nos ex-renseignements généraux et qu'il va vouloir un cliché de moi pour alimenter sa base de données.

Ce jour-là je suis un peu joueur et décide de l'attendre à un angle de rue : je lui demande s'il préfère un portrait ou une photo en pied. Je lis la surprise sur son visage. Il tourne les talons rapidement sans me répondre.

Je décide de quitter les lieux pour rentrer chez moi.

Au bout de quelques minutes, aucun doute n'est permis, j'ai une équipe derrière moi. Ma petite blague va probablement m'attirer des ennuis. Je parviens à identifier six personnes à mes trousses. Tout y passe dans mes techniques de contre-filature – jouer avec les reflets des vitrines, les changements d'angle… Je ne fais rien pour rompre la filature, car j'ai besoin d'en identifier tout le dispositif.

Ils sont professionnels, mais ils ignorent que je le suis aussi. Au bout d'une heure et demie, je fais part de la filature au téléphone à mon chef, en poste à l'ambassade de France à Pékin ; ce dernier me dit d'aller à leur rencontre pour m'identifier. Je me retourne, ils sentent que leur dispositif est grillé. Et partent en courant. Pendant plusieurs semaines, j'aurai des mouchards dans mon appartement, pour vérifier que personne ne s'y est introduit en mon absence.

C'est dans ce contexte que je suis contacté quelque temps plus tard par une personne anglo-saxonne s'exprimant en français. Elle me dit qu'elle souhaiterait porter à ma connaissance des informations sur les événements en cours. Pourquoi s'adresse-t-elle à moi ? Qu'attend-elle de moi ? Et pourquoi m'aiderait-elle ? Elle me répond « par amour de la France » où elle aurait passé quelques années ; elle ajoute que les informations qu'elle détient concernent des ressortissants français impliqués dans les manifestations et conclut qu'elle n'attend rien en retour.

Je lui propose de nous rencontrer dans le salon d'un grand hôtel de Hong Kong. Je fais la connaissance d'un homme affable et sympathique. En revanche, je suis déçu par les informations qu'il dit détenir, et j'ai le sentiment de perdre mon temps.

En fin d'entretien, il oriente la conversation sur des sujets plus personnels. Ancien policier, il me parle de sa reconversion et me demande s'il m'arrive d'y songer. Je lui confie mon envie de transmettre et mon idée de créer une structure dédiée à la gestion de crise.

Une semaine plus tard, il me recontacte pour me dire qu'il se trouve en bas du consulat, car il a un rendez-vous à proximité. Il souhaite prendre un café avec moi. La conversation est futile et amicale. Après quelques banalités nous nous séparons.

Une semaine passe, et il m'appelle à nouveau pour me demander un service : il souhaite que je lui fasse une synthèse sur les manifestations, en insistant sur le fait qu'il ne sollicite pas d'informations confidentielles, mais qu'il est débordé et trouve qu'un point de vue français serait intéressant pour ses clients, qu'il présente comme des hommes d'affaires souhaitant savoir s'ils peuvent encore investir à Hong Kong.

Il me demande d'envoyer une facture, car il souhaite me rémunérer généreusement pour le mémo qu'il me demande. Pour enfoncer le clou, il affirme qu'il ne trouve pas normal que quelqu'un comme moi n'ait pas davantage de responsabilités. Et conclut en affirmant qu'il souhaite m'aider dans mon projet de monter une société.

Je vois clair dans son jeu : il tente de me manipuler. Tout y est, c'est un véritable cas d'école. Je le remercie chaleureusement sans rien lui promettre, en lui disant simplement que je vais le rappeler.

Je raccroche et m'empresse de contacter mon chef à Pékin via une communication sécurisée pour lui rendre compte de ce qui vient de se passer. Nous échangeons sur la stratégie à adopter tandis que mon contact fait l'objet d'un criblage en bonne et due forme par nos services de renseignements.

Il ne faut pas beaucoup de temps à mon chef pour m'apprendre que mon nouvel ami est *a minima* très proche d'un service de renseignements. Il ne m'en dira pas davantage, mais le message est clair, c'est méfiance absolue et hors de question d'entretenir une quelconque relation avec cette personne. On me demande de lui faire passer un message on ne peut plus explicite.

Quelques jours plus tard, je revois l'ami en question dans le salon d'un hôtel. Après quelques banalités j'attaque :

– J'ai bien réfléchi et te remercie pour ton offre que j'accepte.

Un large sourire se dessine sur son visage. J'enchaîne d'un bloc :

– Bien entendu, puisque je travaille pour le gouvernement français, les informations que je vais rédiger le seront à partir de sources ouvertes, donc il n'y aura rien de confidentiel. Mon analyse sera tirée uniquement d'articles de journaux. Je ne donnerai jamais d'informations autres que journalistiques, car je suis soumis à un devoir de réserve. Et il ne sera jamais question d'argent entre nous deux, je peux te rendre ce service gratuitement.

Il me regarde un moment puis me dit :

– J'ai compris.

Et je lui réponds :

– Je n'en ai aucun doute.

Il ne m'a plus jamais contacté.

Ce que j'ai appris

J'ai réalisé combien il pouvait être facile de faire l'objet d'une tentative de manipulation. Après coup, j'ai analysé la teneur de nos conversations et sa prise de contact. Nos points communs n'étaient pas le fruit du hasard. Il avait manifestement travaillé sur mon profil. À cette époque, j'avais un compte Instagram et un profil LinkedIn où il a pu puiser quelques informations. Rien de secret, mais suffisant pour créer du lien. J'avais été sensibilisé et formé à ce type de techniques, et pourtant il s'en était fallu de peu que je tombe dans le panneau.

Il avait choisi d'utiliser sur moi le M et le E, à savoir l'argent (monnaie) et l'ego. Cinquante ans, fonctionnaire de police, j'avoue qu'à sa place j'aurais choisi les mêmes vecteurs de manipulation.

Son approche a été très professionnelle et, à l'évidence, je ne devais pas être le premier qu'il tentait de recruter. Son objectif était clair : il m'aurait très bien rétribué pour un article insignifiant, il serait revenu vers moi en m'en demandant toujours un peu plus et en me payant toujours davantage jusqu'au jour où il aurait exigé des informations confidentielles puis secrètes. Le jour où j'aurais refusé, il aurait menacé de tout révéler au risque de me faire perdre mon travail et mon honneur.

Méthode pas très fair-play, mais d'une redoutable efficacité.

Sur ce coup-là, ma lucidité et le fait de rendre compte le plus rapidement possible m'avaient soulagé et retiré le poids d'une possible culpabilité. En informant sans délai ma hiérarchie, je m'étais protégé.

C'est à vous

N'allez pas imaginer que cette scène vécue est tirée d'un film d'espionnage. Ce type de méthode est déployé tous les jours et ne concerne pas seulement les agents qui travaillent au service de l'État. Le monde de l'entreprise, dans sa dimension concurrentielle, est exposé aux mêmes risques. Ne pensez pas que ce genre d'approche ne cible que les P.-D.G. et autres membres du COMEX – au contraire, ils ne sont que très rarement approchés directement dans le cadre d'actions de manipulation. On préférera viser leur entourage professionnel proche, comme assistant personnel ou assistante, chauffeur, employés de maison, qui détiennent bien souvent des renseignements précieux et ce qu'on appelle des **failles de vulnérabilité** qu'on retrouve dans le MICE, l'argent étant probablement le plus facile à proposer et le vecteur pour lequel on se fait le plus rapidement compromettre.

Comment vous prémunir de la manipulation ?

Il ne s'agit pas de sombrer dans la paranoïa, mais simplement d'observer une forme de lucidité.

* Soyez vigilant quand vous rencontrez quelqu'un et que cette personne multiplie les références communes. Elle a peut-être étudié votre profil via des sources

ouvertes. Je vous invite à consulter ce qu'on peut trouver sur vous sur Internet, vous pourriez être surpris.

* Maîtrisez votre communication sur les réseaux sociaux et protégez votre espace de liberté.

* Sur ces réseaux sociaux, indiquez une chose erronée, par exemple un type de cuisine adoré ou un plat supposé favori. Ce « mensonge » sera un point de curiosité intéressant pour quelqu'un qui étudiera votre profil. Attention, je ne dis pas que toute personne qui étudie votre profil a toujours des intentions malveillantes, mais à l'inverse je suis certain que quiconque cherche à vous manipuler étudiera très probablement votre profil pour y détecter des points de vulnérabilité.

* Posez-vous toujours la question suivante : quel bénéfice pourrait tirer de vous votre interlocuteur ? Cloisonnez bien votre vie professionnelle et votre vie privée. Le mélange des deux est un élément de fragilité.

* Enfin, restez toujours lucide et concentré sur votre objectif. Une fois encore, ne vous laissez pas absorber par l'autre.

La menace et l'ultimatum comme vecteurs de manipulation

En négociation, **la menace et l'ultimatum** sont régulièrement utilisés comme moyens de pression destinés à vous faire réagir.

La menace : qu'elle soit implicite ou explicite, elle n'est pas un point de rupture. Prenez-la comme une aide à la décision. C'est un indicateur qui montre que votre interlocuteur est toujours dans une dynamique de négociation, sinon il ne vous menacerait pas, mais passerait directement à l'acte. Quelqu'un qui vous menace a conscience que lui aussi a quelque chose à perdre s'il la met à exécution. Les négociateurs de crise en unité d'intervention n'abordent pas la menace comme un point de blocage mais comme un point positif sur lequel il faut rebondir. C'est l'opportunité de faire avancer la négociation par le compromis. Face à quelqu'un qui vous menace, il convient de ne jamais répondre par la provocation.

Comment gérer la menace ?

*** En verbalisant l'impatience** : « J'entends (surtout pas "je comprends", qui serait une porte ouverte à la menace ou à la pression mise par votre interlocuteur) que ça ne va pas suffisamment vite… »

*** En réamorçant la connexion**, le rapport de confiance : « Je fais le maximum et j'ai besoin de votre aide pour… »

*** En montrant les avancées :** « Jusqu'à présent nous avons obtenu… »

L'ultimatum : contrairement à la menace, l'ultimatum se caractérise par une échéance précise – « Vous avez une heure pour... », « Je vous laisse jusqu'à demain 14 heures... » – et peut constituer un point de rupture.

Comment gérer un ultimatum ?

* **Ne pas discuter des raisons** de l'ultimatum, ni chercher à les contrer à ce stade (ce n'est pas le moment de le faire).
* **Répéter les termes** de l'ultimatum et demander confirmation à votre interlocuteur : « Je répète pour être sûr de vous avoir bien compris – on ne peut pas se permettre le moindre malentendu... »
* Rappeler que nous agissons sur la base d'un mandat et que nous allons devoir rendre compte à notre **hiérarchie**. Ce transfert de compétences va vous permettre de gagner du temps, et le temps est une arme précieuse face à un ultimatum.
* **Ne jamais faire référence** aux ultimatums déjà posés.
* **Reprendre la communication** avec votre interlocuteur juste avant le terme de l'ultimatum et garder le contact jusqu'au moment fatidique.
* Accepter si nécessaire de **céder sur un domaine accessoire**.

3

Les troubles de la personnalité

Étymologiquement, « personnalité » vient du latin *persona* qui désigne un masque de théâtre ; dans l'Antiquité, cela définissait la façon dont on se montrait, l'apparence externe tournée vers les autres. Cette définition a évolué au fil des siècles pour devenir aujourd'hui l'ensemble des comportements qui constitue l'individualité d'une personne. La personnalité est donc la somme du tempérament (inné) et du caractère (acquis).

Nous sommes tous dans des limites acceptables un peu charmeurs, un peu narcissiques, un peu orgueilleux, un peu de tout en somme ; nous sommes faits de qualités et de défauts qui nous rendent humains. Mais la difficulté intervient quand, sur une échelle de 0 à 10, le curseur se place dans des limites hautes et modifie notre rapport aux autres. Au cours de votre vie, vous allez être confronté à des individus avec des traits de personnalité très marqués ; suffisamment pour impacter la relation aux autres, mais sans pour autant que cela soit une pathologie.

Selon le DSM-5 (Manuel diagnostique et statistique des troubles mentaux), 10 % de la population souffriraient de troubles de la personnalité, c'est donc quelque chose de relativement commun. J'ai décidé d'aborder les deux traits de personnalité que l'on rencontre le plus fréquemment dans le monde de l'entreprise, à savoir les troubles de la personnalité de nature **paranoïaque (excentrique)** et ceux de nature **psychopathique (antisociale)**.

Les troubles de la personnalité paranoïaque

Le mot « paranoïa » vient du grec *para* et *noos* qui signifient « contre l'esprit ». Le trouble de la personnalité paranoïde se caractérise par une tendance omniprésente à la méfiance et à la suspicion injustifiées envers les autres qui mène à interpréter leurs motifs comme malveillants. Les gens présentant un trouble de la personnalité paranoïde se méfient des autres et partent du principe qu'on veut leur nuire ou les tromper. Ce trouble apparaît généralement au début de l'âge adulte et se rencontre plus fréquemment chez l'homme que chez la femme.

Les troubles de la personnalité antisociale (TPA)

Psychopathe ou sociopathe ?

Ces troubles de la personnalité antisociale concerneraient jusqu'à 3 % de la population mondiale et seraient six fois plus présents chez les hommes que chez les femmes. Psychopathes ou sociopathes ont généralement en commun un manque d'empathie, un mépris des règles, une absence de remords et une agressivité. Si bon nombre de psychologues se divisent sur la question, j'ai pu, au cours de mes années au sein des groupes d'intervention, observer quelques caractéristiques qui différencient ces deux formes de troubles de la personnalité : le sociopathe se définirait par un comportement plus visible et plus impulsif par rapport au psychopathe, qui serait davantage froid et dissimulateur. De même, le psychopathe serait plus difficile à repérer, car il va généralement bien s'intégrer dans son environnement personnel et professionnel. Il peut feindre les émotions, il est méthodique et calculateur. Le sociopathe aurait développé ce trait de personnalité à la suite d'un traumatisme, contrairement au psychopathe pour qui ce trait de personnalité serait inné.

L'histoire

L'homme au hachoir et au rottweiler

Je suis membre du groupe de voie publique de la police judiciaire des Hauts-de-Seine. Ce qui implique d'être engagé sur tous les fronts (lutte contre la drogue et la délinquance sous toutes ses formes), mais aussi de porter assistance sur le terrain aux groupes d'enquête des stups et des GRB (groupes de répression du banditisme).

Ce jour-là, nous sommes sollicités par les enquêteurs de la lutte contre les stupéfiants. Ils recherchent un multirécidiviste qui alimente le département en drogue. Lors d'une tentative d'interpellation, il est parvenu à s'enfuir, probablement à l'étranger, et depuis fait l'objet d'un mandat de recherche. Le dossier traîne depuis des mois et les investigations ne sont pas concluantes. Le juge d'instruction chargé de l'affaire a demandé, avant de clore le dossier, que des adresses susceptibles d'héberger cet individu soient vérifiées. Par expérience, nous savons tous que ces vérifications seront vaines et le juge aussi, mais dans notre jargon on appelle ça « fermer les portes » en exécutant les derniers actes d'une CR (commission rogatoire).

Notre mission du jour : se rendre dans un appartement où loge un locataire ayant été en lointain contact avec le mis en cause, dans la cité Pablo-Picasso à Nanterre, connue pour être très hostile aux forces de l'ordre. Arrivés au petit matin, au dixième étage d'un immeuble H.L.M., nous nous retrouvons face à une porte qui correspond à l'adresse que nous cherchons. Convaincus que le fugitif ne s'y trouve pas, nous frappons à la porte.

– Police !

Une voix se fait immédiatement entendre :

– Qu'est-ce que vous voulez ?

S'ensuit un flot d'insultes sur la police.

– Nous voulons vérifier que X n'est pas hébergé chez vous…

– Vous n'avez pas le droit d'être ici, et d'ailleurs qu'est-ce qui me prouve que vous êtes de vrais flics ?

Ce dialogue de sourds débute à travers la porte. L'immeuble se réveille doucement, les premières portes des autres appartements s'ouvrent sur des travailleurs et des enfants qui partent à l'école. Nous n'allons pas pouvoir rester ici indéfiniment sans risquer de nous retrouver pris à partie.

Notre chef de dispositif a bien compris qu'il est inutile d'exiger l'ouverture de la porte au simple prétexte que nous sommes policiers. Fin psychologue, il sait comment agir face à ce type de personnalité. L'unique femme de notre groupe s'exprime désormais : nous pensons qu'une voix féminine sera un facteur d'apaisement et facilitera l'accès à l'appartement. C'est malheureusement tout le contraire qui se produit. Notre interlocuteur se lance dans une longue diatribe sur les femmes dans la police en remettant en cause leurs aptitudes professionnelles.

C'est à présent notre chef de dispositif qui prend la parole : il affirme qu'il a besoin de parler les yeux dans les yeux avec le locataire, il en fait une question d'honneur. Ce discours me déroute, je n'ai jamais entendu mon chef de groupe aller sur ce registre émotionnel.

Le locataire finit par ouvrir la porte. Il se tient sur le seuil de son appartement avec dans une main un hachoir et dans l'autre son rottweiler, qu'il tient uniquement par le collier. Une négociation s'engage entre lui et notre chef de groupe. Je suis encore inexpérimenté, et donc à sa place j'aurais exigé que l'individu pose son arme blanche, mais mon chef fait au contraire abstraction de l'arme et du chien.

– Avez-vous fait votre service militaire ?

– Oui, j'ai passé cinq ans dans un régiment d'infanterie, j'ai terminé sergent ! Et je suis fier d'avoir servi mon pays. La gendarmerie se comporte mieux en termes de probité que la police !

– Vous savez… avant de rejoindre la police, moi aussi j'étais officier dans l'armée. Aujourd'hui, je m'adresse à l'homme et au sous-officier que vous êtes et vous donne ma parole d'officier : ma mission du jour est simplement de vérifier l'absence chez vous d'un homme que nous recherchons. Vous avez ma parole d'honneur.

En quelques minutes, la situation se débloque. Il enferme son chien dans la cuisine où il range son hachoir. La porte de l'appartement reste ouverte et mon chef s'engage seul dans l'appartement avec le locataire. Nous sommes sur le qui-vive, prêts à intervenir. Mon collègue ressort quelques minutes plus tard après avoir vérifié que notre fugitif n'était pas dans l'appartement.

De retour au bureau, je l'interroge :

– Comment as-tu trouvé la solution pour obtenir gain de cause ?

Il éclate de rire.

– Tu verras, les individus avec une personnalité paranoïaque, tu en rencontreras beaucoup à la fois dans notre métier et chez nos chefs. J'espère que tu as compris comment tu devras les gérer…

Notre fugitif sera interpellé quelques mois plus tard en Espagne où il s'était réfugié dès le début de sa cavale.

Ce que j'ai appris

En collectant de l'information, en la laissant développer son argumentaire, mon chef a été en mesure de comprendre que cette personne avait un trouble de la personnalité paranoïaque et a su agir en conséquence.

Dans ce cas précis, j'ai surtout compris qu'il faut **s'adapter à l'autre pour le comprendre** (et non l'inverse) et c'est exactement ce qu'a fait mon collègue. Il avait compris à quel type de personnalité il avait affaire, et ce faisant il était parti sur cette stratégie de négociation. Dans ces cas de figure, on ne cherche pas à convaincre, on écoute pour comprendre et ensuite influencer.

Face aux reproches, il faut laisser son interlocuteur « **ventiler** » sa surcharge émotionnelle, sa colère, sa peur, sa panique ; il est inutile de l'interrompre, car il n'est pas en mesure de vous entendre.

L'écoute est la partie la plus importante de la résolution de crise et elle est l'arme la plus efficace. On parle alors d'« **état final partagé** », c'est-à-dire qu'il est nécessaire de trouver une solution où chacun trouve son compte. Dans ce cas précis, le locataire avait considéré qu'il était en droit de faire respecter l'intimité de son domicile et que ne serait autorisée à y entrer qu'une personne qu'il considérait comme digne. De notre côté, mon chef de groupe avait atteint son but en remplissant la mission qui lui avait été confiée et ce, sans que l'intégrité physique de ses hommes ne soient mise en danger.

Respecter l'autre dans ses différences et l'écouter pour le comprendre avait été la clé du succès de cette opération simple au demeurant, mais qui aurait pu prendre un tour dramatique sans cette perspicacité.

C'est à vous

Voici quelques signaux d'alerte pour vous aider à reconnaître les personnalités paranoïaques :

– ego surdimensionne ;

– ne supporte pas les critiques, généralement froid et distant ;

– sentiment d'être exploité, trompé, trahi ;

– susceptible, méfiant et rancunier ;

– ne se remet jamais en cause ;

– est de mauvaise foi ;

– fait référence aux lois, aux règlements, à l'ordre en général, aux codes et institutions ;

– rigide, besoin que tout soit bien organisé ;

– comportement autoritaire ;

– jugement faussé par l'interprétativité (tendance à mal interpréter les intentions des personnes qui s'adressent à lui) et la projection ;

– sentiment de persécution.

Comment réagir ?

* Attendez-vous à être testé et mis en défaut sur votre légitimité, compétence, honnêteté.

* N'entrez pas dans la provocation, évitez de le contrarier/contredire.

* Ne lui mentez jamais ; de même, ne lui manquez pas de respect et ne le sous-estimez pas.

* Pour autant, soyez ferme, dites quelles sont vos intentions.

* Vous pouvez vous fâcher s'il va trop loin.

* Appuyez-vous sur la loi, la parole donnée, l'honneur, la morale et les valeurs.

* Ne cherchez pas à lui démontrer que son raisonnement ne tient pas.

* Questionnez ses solutions.

* Accordez-lui de petites victoires, car il a besoin qu'on reconnaisse son « pouvoir ».

L'histoire

Le hacker psychopathe

Un vendredi soir, 22 h 30, il y a deux ans, je reçois un appel de mon ami Julien. C'est très inhabituel de sa part de me contacter à une heure aussi tardive.

– Laurent, je suis sollicité par une société d'assurances car l'un de ses clients au Moyen-Orient est victime d'une attaque informatique avec demande de rançon. Je viens de déclencher ma cellule de crise avec mon équipe technique et je te contacte pour savoir si tu souhaites te joindre à moi pour aborder une tentative de négociation avec le hacker.

Julien est un expert en négociation titulaire d'un doctorat en négociation complexe. Je l'ai rencontré au RAID quand je souhaitais m'ouvrir aux techniques de négociation au-delà de mon activité en groupe d'intervention. Nous avons développé ensemble un concept novateur en matière de lutte contre le ransomware (logiciel malveillant qui prend en otage des données personnelles). En général, les entreprises attaquées cherchent une solution technique pour récupérer leur data et pour limiter les effets de l'attaque informatique. Cette défense se limite à l'aspect technique. Le concept que nous avons mis en place conserve cette dimension technique en faisant appel à des experts informatiques, mais tente en même temps une négociation directe avec le hacker. Cette possibilité d'engager une négociation est limitée, mais demeure possible. Notre but est de travailler sur deux axes stratégiques similaires à ceux employés dans la lutte contre les enlèvements : réduire le montant de la rançon et gagner du temps.

J'accepte avec enthousiasme de collaborer avec Julien. Cette entreprise s'est fait voler beaucoup de data, mais le criminel ignore que la société dispose d'une copie de ces données et que celles dérobées sont difficilement exploitables en l'état. Le hacker exige d'être payé en bitcoins et donne deux jours pour effectuer la transaction. Grâce à la cellule technique, nous tentons une prise de contact via une messagerie sur le dark web. Fait suffisamment rare pour le souligner, le hacker nous répond. Nous ne perdons pas de vue notre objectif qui est de réduire le montant de la rançon et de gagner du temps dans l'espoir que notre équipe technique maîtrise ou contienne l'attaque informatique en cours.

Chaque mot, chaque phrase sont pesés. Nous cherchons à déterminer un profil psychologique pour mieux affiner notre stratégie. Notre interlocuteur semble aimer se prendre au jeu de la manipulation. Non seulement il répond à nos messages, mais il s'autorise des remarques, des observations. Il est tout aussi charmeur qu'arrogant ; il s'inscrit dans un rapport de domination, certain du pouvoir qu'il a sur nous. Nos échanges se multiplient et nous comprenons assez rapidement qu'il coche toutes les cases d'une personnalité de nature psychopathique. Dans un premier temps, nous adoptons une « position basse » pour qu'il ait le sentiment d'avoir le pouvoir sur nous. Nous ne sommes pas offensifs et sommes à l'écoute de ses demandes. C'est une façon de gagner du temps pour que les équipes techniques parviennent à protéger les données. Plusieurs heures plus tard, la stratégie semble porter ses fruits. Si nous ne parvenons pas encore à réduire le montant de la rançon, nous avons bon espoir d'obtenir un report de l'ultimatum, qui permettra aux experts informatiques de progresser encore. Soudain, nous faisons face à un changement radical dans la teneur des échanges :

– Payez, il vous reste douze heures.

Nous avons probablement affaire à un nouveau hacker. Nos techniciens estiment qu'ils ont encore besoin de vingt-quatre heures pour tout sécuriser et récupérer un maximum de données. Deux heures avant la fin de l'ultimatum, nous recevons un autre message. Le ton a changé, nous sommes convaincus d'avoir à nouveau affaire à notre interlocuteur initial. Notre négociation reprend enfin. Nous parvenons à obtenir un délai supplémentaire de vingt-quatre heures. Ce temps est précieux. Nos contacts se poursuivent. Notre impression était la bonne : notre interlocuteur initial est revenu dans le jeu. La soirée du samedi s'achève. Le dimanche matin, le hacker prend l'initiative de nous contacter, il nous reproche d'avoir mis en place un dispositif efficace pour protéger le reste des données. Il nous ment donc depuis le début puisqu'il nous avait assuré ne vouloir exploiter que les données qu'il a volées. Il vient de nous prouver qu'il souhaitait aussi récupérer toutes les autres données de l'entreprise. Ce mensonge confirme que nous sommes face à un profil de nature psychopathique.

Il change alors d'attitude et ses messages deviennent plus incisifs, il cherche à savoir ce que nous faisons. Il teste nos limites. Nous savons qu'il s'agit d'un point de rupture. Néanmoins, nous lui montrons que nous le respectons. Pas question de lui faire perdre la face. Notre but est toujours et encore de gagner du temps. Il se transforme à présent en négociateur et cherche à reprendre la main : il affirme que son but est de gagner de l'argent et nous, de protéger les données ; s'il met à exécution sa menace, ce sera perdant-perdant, et il ne souhaite pas, dans notre intérêt, en arriver à cette extrémité.

Le dimanche, en début d'après-midi, l'équipe technique confirme que le réseau et la data de l'entreprise sont maintenant complétement protégés et que les données volées par les hackers sont inexploitables. Nous pouvons couper la communication avec le hacker qui nous adresse une ultime menace.

L'entreprise s'en est tirée avec une grosse frayeur. Nous avons rempli notre contrat en gagnant du temps grâce à une analyse fine de la personnalité de cet individu tandis que les experts informatiques sont parvenus à sécuriser les données. Le hacker doit probablement toujours sévir. S'il a fait un retour d'expérience de son échec, il est probable qu'il limitera dorénavant ses échanges avec ses victimes.

Ce que j'ai appris

Il est très rare dans le monde de l'intervention d'avoir le temps de déceler les troubles de la personnalité propres aux psychopathes ; on doit souvent faire face à des pathologies plutôt qu'à des traits de personnalité. Dans l'histoire du hacker, les nombreux échanges avec ce personnage tour à tour manipulateur, menteur, charmeur nous ont permis de comprendre qu'il s'agissait d'un psychopathe.

C'est à vous

Le trouble de la personnalité psychopathique se retrouve davantage dans une catégorie bien précise de la population, à savoir les cadres dirigeants. Au quotidien, ces symptômes se caractérisent par :

– absence de morale, tromperie, mensonge par profit ou plaisir ;

– manipulation, ne se conforme pas aux règles ;

– difficulté d'aimer, pas d'empathie ;

– peu d'anxiété ;

– charmeur, beau parleur ;

– utilise les autres ;

– non loyal ;

– narcissique ;

– égocentrique, cherche à dominer ;

– condescendant ;

– réagit à la frustration ;

– recherche de gratifications immédiates ;

– besoin de stimulation ; parfois consommation de drogue et/ou d'alcool ;

– sait toujours où sont ses intérêts.

Comment réagir ?

Face à une personne ayant ce trait de personnalité, il convient d'aborder une stratégie bien particulière.

* Attendez-vous à des demandes matérielles et au marchandage.
* Imposez votre crédibilité et votre légitimité.
* Respectez son ego, son sentiment de contrôle, aidez-le à sauver la face.
* Ayez une approche concrète et pragmatique pour le convaincre de son intérêt à poursuivre la négociation ou le contact avec vous ou votre entreprise.
* Montrez-vous décidé, cohérent et consistant : il doit pouvoir s'identifier à son interlocuteur de façon valorisante.

* Évitez les intermédiaires dans le cadre d'une négociation complexe ou de haut niveau.
* Attendez-vous à ce qu'il teste vos limites.
* Soyez extrêmement vigilant, attendez-vous à des revirements inattendus.
* Attention aux fausses promesses et méfiez-vous des pièges qu'il ne manquera pas de vous tendre.

Conclusion

La journée s'annonce tranquille en ce début d'automne. Comme tous les lundis matin, nous rentrons au service après avoir effectué notre séance de tir de début de semaine au stand du commissariat du 5e arrondissement. L'ambiance est décontractée et chacun y va de ses anecdotes du week-end. Soudain nos bipeurs sonnent en même temps : « Alerte : retour service immédiat. » Dix minutes plus tard, nous sommes tous rassemblés dans le couloir exigu de la BRI. Un enquêteur de la brigade criminelle accompagne notre chef de service. On nous expose la situation. Un bébé de onze mois vient d'être enlevé à un couple de commerçants chinois de Belleville.

Trois individus ont profité de l'absence de la mère pour pénétrer au domicile du couple en menaçant la jeune fille chargée de garder l'enfant. Nous supposons une rivalité commerciale au sein de la communauté chinoise. Il est rare que la police soit sollicitée, car les représentants de cette communauté règlent leurs affaires entre eux en faisant intervenir leurs propres médiateurs. Cette fois-ci c'est différent : d'après les premiers éléments collectés, les ravisseurs ne sont pas des ressortissants chinois. Ils ont téléphoné à la famille du nourrisson pour réclamer une rançon de 137 000 euros. Les parents, en état de choc, ont immédiatement contacté la police, laquelle a confié le dossier à la brigade criminelle. Ces enquêteurs du 36, quai des Orfèvres sont des policiers aguerris et d'une efficacité redoutable. Si les ravisseurs ont commis une erreur, ils vont trouver la faille. On nous demande dans un premier temps de rester à disposition des enquêteurs de la crim pour effectuer toutes les missions de terrain afin de retrouver au plus vite le bébé.

La journée s'éternise, puis tout s'accélère. À 17 heures, la remise de rançon est fixée au centre commercial des Arcades à Noisy-le-Grand, dans le 93. Nous mettons en place un dispositif mais les ravisseurs, méfiants, annulent l'ultimatum au dernier moment. Nous sommes sur les dents. Les enquêteurs de la brigade criminelle poursuivent leur travail d'investigation. En début de soirée, ils ont identifié un suspect. Nous nous reportons sur son domicile, un immeuble situé à Fontenay-Trésigny (Seine-et-Marne). Soudain, nous le voyons sortir. Il se dirige vers son véhicule et nous engageons une filature. Pas question de le perdre, la vie d'un enfant est en jeu. À aucun moment au cours de la filature qui s'éternise je ne ressens dans mon comportement ou celui de mes collègues de l'appréhension. Tout le monde est concentré et efficace.

Les indications à la radio, les passages de relais sont d'une fluidité absolue. La filature nous mène à un pavillon à Rozay-en-Brie, à la limite de l'Île-de-France.

Pas de temps à perdre. Un policier de la BRI confirme la présence de lumière à l'intérieur de la maison et surtout, dans la cour, d'un véhicule semblable à celui qui a été utilisé par les ravisseurs lors de leur fuite avec l'enfant. Nous attendons les instructions, mais nous savons que nous allons investir la maison sous peu. Je sens la détermination chez mes camarades. Comme par automatisme, certains manipulent la culasse de leur arme pour vérifier qu'elle est bien chambrée (qu'il y a une cartouche engagée prête à être utilisée).

21 h 30, les minutes passent dans l'attente de l'assaut. Soudain mon chef de groupe qui était au téléphone nous réunit.

– Bon, les gars, je viens de recevoir des instructions très claires. Le procureur de la République nous interdit d'intervenir maintenant, car nous avons dépassé l'heure légale fixée à 21 heures. Il ne veut pas que la procédure soit annulée et nous demande d'intervenir à 6 heures du matin.

La frustration se lit sur nos visages. Il y a un bébé kidnappé dans cette maison toute proche et nous allons attendre toute la nuit pour le sauver… Réponse de notre chef de groupe :

– C'est comme ça, les gars, on ne discute pas et on garde notre énergie. Je veux un dispositif de surveillance au niveau de la maison et des tours de garde de trois heures. Et pour les autres, essayez de dormir dans les voitures.

Nous avons l'habitude de ces longues heures de planque.

5 h 50, La colonne d'assaut se dirige vers la maison. La mise en place s'effectue rapidement. À 6 heures, la porte explose, et nous pénétrons dans la maison où sont interpellés rapidement trois hommes : notre suspect, un comparse et un ancien légionnaire déjà connu pour des faits similaires. L'enquête démontrera qu'ils ont été commandités par un concurrent du père du bébé enlevé. Ils n'opposent aucune résistance et lorsque nous pénétrons dans la chambre, nous découvrons le nourrisson en vie et en bonne santé.

En moins de vingt-quatre heures, le dossier a été résolu. Je ne suis pas présent lorsque le petit est amené à ses parents. Notre mission est terminée et nous n'avons pas vocation à participer à ce moment.

Fatigué, je rentre au service pour remettre en condition notre matériel afin qu'il soit prêt pour la prochaine mission, puis chacun part chez soi prendre un peu de repos.

Quand j'arrive à la maison en début d'après-midi, je me dirige vers la chambre de mon fils âgé du même âge que le bébé que nous venons de libérer des mains de ses ravisseurs. Je me penche sur son lit. Baptiste dort à poings fermés.

Je ferai la sieste un peu plus tard, je veux profiter de ce moment : je ne peux pas m'empêcher de faire un parallèle avec les parents qui ont retrouvé leur petit. Cette affaire ne fera pas les gros titres, ni ne sera récompensée par une médaille. Avec mes camarades nous n'avons fait que notre devoir, mais rien n'effacera le souvenir de leurs sourires et leur fierté d'avoir accompli une action noble. Je suis comblé, c'est pour vivre de tels moments que j'exerce ce métier.

*
* *

Cet ouvrage parle de dépassement, de discipline, d'engagement. Chacun y puisera des outils en fonction de ses aspirations et de son parcours personnel. De chaque expérience on tire des leçons. Nul doute que vous avez en vous la ressource de réussir. Les obstacles, l'adversité ne sont pas insurmontables dès lors que vous êtes animé par la détermination et que vous continuez de croire en vos rêves. Éloignez-vous des personnes toxiques, ne perdez pas votre temps à vouloir convaincre ceux qui ne croiront jamais en vous. Saisissez les opportunités quand elles se présentent. Vivez cette vie comme une formidable aventure. Ne cessez jamais d'apprendre pour améliorer votre savoir-faire.

Soyez empathique sans jamais être naïf. Devenez la meilleure version de vous-même. Ne doutez jamais de vous et de vos ressources ; chaque progrès, aussi infime soit-il, doit être une source de satisfaction. Et quand vous trébuchez, pensez à cette citation de l'écrivain

Romain Rolland : « Quand on ose, on se trompe souvent. Quand on n'ose pas, on se trompe toujours. »

Remerciements

L'écriture de cet ouvrage a forcé ma mémoire à replonger dans les souvenirs d'une vie professionnelle intense. Cette vie, je n'aurais pu la vivre sans l'inconditionnel soutien de ma famille de cœur, mes amis, et de ma famille de sang.

Je souhaite dédier cet ouvrage à celles et ceux qui m'accompagnent ou m'ont accompagné de leur affection, amitié et amour, ils se reconnaîtront. Ils savent combien je les aime. Merci à ceux qui m'ont accordé leur confiance et à ceux qui ont douté de moi : vous m'avez donné la force de ne jamais renoncer.

La vie met sur votre chemin des épreuves pour vous tester et des perches qu'il faut saisir.

Ne doutez jamais de vous et de la personne formidable que vous êtes.

Il ne faut pas attendre d'être parfait pour commencer quelque chose de bien.

Table des Matières

Composition
PRESS·PROD

Imprimé en France par
CPI Firmin-Didot
en septembre 2024

Dépôt légal : septembre 2024
N° d'impression : 181291
ISBN : 978-2-7499-5748-7
LAF : 3745